職能給・職責給・役割給

改訂新版

賃金表の作り方

楠田 丘 著
kusuda kyu

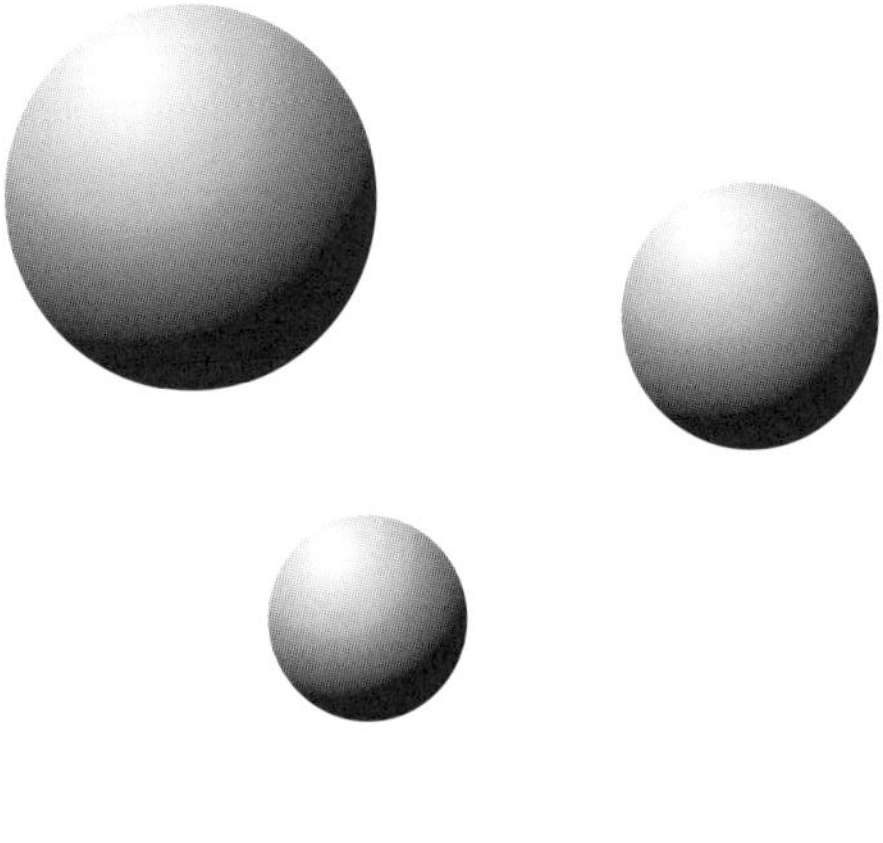

経営書院

はしがき

高齢化、国際化、構造変革など諸情勢の変革の中で、わが国の賃金は、その水準も個人間の格差構造も、そして、定昇など決定制度のあり方も、大きく変革を遂げつつある。賃金を決める要因としては、労働力の需給事情や生産性の高さや、生計費の変化など多様であるし、しかも、これら一つひとつを確実に把握することはたいへん難しい。さらに厄介なことに、これらはたえず、めまぐるしい変貌を遂げている。

そのような変化の中で、賃金を適正かつ確実に決定していくためには、たえず周囲の情勢を統計的に把握すると同時に、それらの変化と賃金の結びつきのあり方について、考え方や政策を整理しつつ、それを一定のルールなり、プランとして設定し、労使の間で納得し合っていくことが必要となろう。

本書は、右のような事情に即応しつつ、賃金を決めていくベースとなる賃金表の作り方、年々の調整の仕方を、ベアと定昇などにも重点を置きながら、できるだけ具体的に考えてみることとした。

従来の類似書にあっては、その考え方や手順についてふれたものは若干あったとしても、現実の賃金表の作り方や調整の仕方を具体的な数字をあげて説明したものは、あまりなかったのではないかと思う。

社会・経済・生活環境の変化や労働市場の変革に伴う年々の賃金決定を、例えば物価の変動との関連などで、賃金表の上でどう調整するかとか、また、中途採用者の賃金決定や配転や定年延長に伴う賃金決定の考え方やルールのあり方はどうかなど、変動する環境情勢を踏まえながら、できるだけ具体的に述べることとした。可能な限り平易に、しかも、考え方とその実際の両面にふれることにしたが、数字的な処理実務が多いだけに、必ずしも的確な表現を尽くしていない点が多々あると思う。

なお、本書は昭和四六年三月に初版が出版され、幸いにして多数の実務家の方々に利用していただいた。その後、年々の賃金の動向を踏まえ、新しい環境の中でのベア、昇給に利用できるよう内容を改め、数字の修正を行うよう心がけてはきたが、それでもなお十分でない点も多く、昭和五一年にはその後の大きな情勢の変化を踏まえ、内容を全面改訂し、さらに今回引き続いてかなり大幅の修正を行った。今後、読者の批判をまってさらに修正していくつもりである。

賃金決定の近代化のうえで、本書がいささかなりともお役に立てば幸いである。またいずれか一つの章を拾い読みしても理解できるように、章と章の間ではいささか重複した説明も行っておいたが、多忙な人にとっては便利であると思う。

本書を刊行するにあたって、日本賃金研究センターの事務局および産労総合研究所（旧産業労働調査所）出版部諸氏の全面的な、特に統計資料上の援助と有益な助言が多くあったことを付記して、感謝の意に代えたい。

昭和五七年三月二九日

著　者

改訂にあたって

今後高齢化、国際化、さらに専門化、流動化など労働市場の変容に加えて、生活や労働面の価値観の多様化も進み、人事諸制度も、昇格と昇進の分離、昇進の多様化（複線型人事の導入）などを中心に、人間尊重の人事つまり加点主義人事への転換がいっそう、進展しよう。そして賃金制度については、中高年層への成果主義賃金（役割給、業績給や業績年俸制など）の導入が急速に進展しよう。

これらを受けて、労使は生涯労働・生涯生活を見据えての個別賃金格差の新しい形成と維持を求められることになる。そしてそのような新しい時代の要請に的確に対応していくには、何よりもまず、賃金決定の土台となる賃金表をきちんと設定し、それをベースとして賃金決定も賃金の検討もベアも定昇も、そして中途採用者の賃金決定も進めていくことが条件となる。ベースとなる賃金表があいまいでは、公正な個別賃金も、公平な個人別賃金も、あり得ない。

しかしながら、賃金表の作り方は決して容易ではない。賃金理論と労使の賃金政策に則り、しかもそれぞれの企業の実態に適合した形で、整合性をもって設定されねばならないからである。

現代においての労働市場や人事制度の変容を見通し、これからの賃金表の作り方を、諸条件と関連させながらできるだけ具体的に述べることを、本書はねらいとしている。能力主義賃金としての職能給のみにとどまらず、新しい変革の方向に対応すべく、前回の改訂から新たに第八章をおこし、職責給、役割給、そして年俸制などをも解説しておくこととした。なお、成果主義賃金の詳細については、拙著『成果主義賃金』（経営書院刊）を参考にしていただければ幸いである。

あらためて、本書が労使の方々に広くご活用いただけることを願ってやまない。また、本書（旧版）をこれまでご利用いただいた労使の多くの方々に心から感謝の意を表する次第である。本書の改訂にあたって、日本賃金研究センター並びに経営書院の方々に並々ならぬご協力をいただいたことを付記して併せて感謝申し上げる。

平成一八年五月吉日

著　者

目　次

第四章　年齢給の策定

第一章　賃金表とは

——公正に賃金を決めていくための基準

1　賃金表とは

1　個別賃金の一覧表——それが「賃金表」

賃金とは〝労働または労働力の対価〟であるといえる。労働者にとっては賃金は労働(力)の供給価格であり、経営側にとっては需要価格である。ところで、その労働または労働力には銘柄がある。したがって正確には〝賃金とは、労働または労働力の銘柄別の対価である〟ということができる。商品もサービスもすべて銘柄が違えば価格が違うのと同じである。同一銘柄同一価格であり、異銘柄異価格ということになる。

ところで、その銘柄別の賃金を個別賃金という。

「個別賃金」……銘柄別の賃金

したがって、個別賃金こそが賃金の原点であるといえ、それが労使関係の接点をなす。その個別賃金の一覧表を個別賃金表、略して賃金表という。

個別賃金の一覧表——→「賃金表」

例えば**１－１表**でみるように、主任で熟練度Ⅰであれば三〇万円、熟練度Ⅱならば三一万二、〇〇〇円、このようなものをあらかじめ社内で決めておいた場合、これを賃金表という。

１－１表　賃金表とは

主　　任	熟練度Ⅰ	30.0万円
	Ⅱ	31.2
	Ⅲ	32.4
	Ⅳ	33.6
	Ⅴ	34.9

２　賃金表をベースとして各人の賃金が決まる

このような賃金表をもと(ベース)にして、一人ひとりの賃金つまり個人別賃金を決めていくことができる。

「個人別賃金」……一人ひとりの賃金

したがって、この賃金表のことをベースという。いまあるベースは、さきの四月に労使が交渉（春季賃金交渉）してとり決めたものである。

「ベース」……賃金表のことをいう。決して平均賃金をいうのではない。

社員一人ひとりの賃金を正しく決めていくには、まず賃金表を正しく設定することが大切である。

これまで、わが国の多くの労使は、支払い能力に応じて、定昇込み平均でいくら上げるかをまず決め、これを各人に配分するという形で、一人ひとりの賃金を決めてきた。学歴とか労職とか性別、勤続などによって、大ざっぱに、しかも年功的に各人の賃金を決めるのであるならば、このようなあり方でもよいが、これからに向けての今日的時代環境に即して、各人の仕事や能力できめ細かく決めていこうとするならば、このような大ざっぱな配分方式では、正しく賃金を決めていくことはとうていできない。やはり賃金表を前もってきちっと決めておき、これに基づいて各人の賃金を決めるというあり方をとりたい。

今日、高齢化、技術高度化といった新しい状況の中、さらに男女均等化や中途採用の増加が進むという情勢が加わって、大ざっぱな年功賃金ではやっていけず、賃金表を明らかに設定し、これに基づいて、各人の賃金をきちんきちんと決めていこうとする動きが盛んである。

〔ベアも定昇も賃金表が基準〕

仕事や能力に応じた賃金表を作っておけば、賃金を公正に決めることができる。各人の賃金を決めるベースとなる賃金表を書き替えるのがベースアップ（ベア）であり、この賃金表の中で各人が、例えば熟練度Ⅰから熟練度Ⅱにプロモートすることによって、賃金が賃金表の中で上がるのが昇給である。さらにこのような昇給の中でも、毎年定期的に三月三一日に行われるものがいわゆる定昇である。だから、賃金表を設定しておけば、春の賃金改定時においても、ベアと定昇を明確に区分することができる。

3　人材確保、意欲の高揚のためにも賃金表（ベース）の整備が不可欠

人材を確保し労働意欲を高めていくためには、賃金表に基づくベアと定昇を区別した賃金改定がぜひとも必要であろう。また、このような賃金表を作っておけば、中途採用者の賃金の決定も、きわめて明確である。また、賃金表に基づく賃金決定であれば、各人も自分の賃金に納得がいくし、また、どう努力すれば自分の賃金がどうなるかといった見極めもつき、モラールの高揚にもつながっていくこととなる。ぜひ、賃金表を作って、賃金管理を進めるようにしたい。

ひるがえってわが国の賃金は、一般に年功賃金と呼ばれるところのものであった。それは、初任給から始まって学歴、性別の年々の勤続昇給をこれに積み上げていくという、いわば積上げ方式をベースとしてきた。したがって全般的にこういう仕事をしているといくらといったような、いわゆる賃率概念（個別賃金）が乏しいのが一般であった。

また、企業内労働市場が賃金決定の基本をなしているから、おのずから企業内福祉を重

視し、したがって社宅や通勤バスやそのほかのいろいろの手当や一時金や賞与など、何もかも込みにして、とにかく生活を維持できる水準であればよいといった考え方が強い。このため基本給以外に、何種類もの付加賃金をつけ足した総収入として賃金をとらえがちで、この面からも労働対価としてあらかじめ賃金表を労使で協定し合うといった、個別賃金意識を、一般に乏しいものとしてきた。

このような〝労働または労働力の価格〟としての個別賃金概念の乏しさは、定昇とベアの区分を難しくしたり、中途採用者の賃金決定や初任給の上昇に伴う賃金調整や、物価上昇に伴う賃金改定のあり方や、さらには個人間の賃金のゆがみの修正を恣意的なものとし、賃金の決定基準を結局あいまいなものとした。商品を売買するには定価表がいる。定価表がないと商品を売るほうも買うほうも明確な基準がないから、相互に不信感をいだくと同時に、無用のトラブルを生じるおそれをもつ。同じように人を雇ったり雇われるにしても、労働力の定価表みたいなものが存在しないと、そのつど賃金決定は、恣意的かつ主観的となり、一定の筋道立った土台がないところから、たえず新しいゆがみや混乱を生ずることとなる。そしてそれは多くの矛盾や不満をも生むこととなろう。

賃金をめぐる環境情勢が変化に富んだものであればあるほど、バランスのとれた公正な個別賃金を確実に維持していく重要性は高まってくる。個別賃金の公正さを維持するためには、どうしても賃金表を設定しておかねばならない。賃金表をもとにして、毎年の定昇やベースアップをはじめ、さまざまの賃金調整をしていくことが必要なのだ。

将棋を指すには将棋盤がいる。碁を打つにも碁盤がいる。相撲をとるには土俵がいる。賃金を決定するにも賃金表が必要であることはおわかりであろう。賃金決定基準の明確化と公正化は、まず賃金表を設定することにあるといっても過言ではあるまい。

4　賃金管理の要件

賃金には、高さ、ルール、格差の三つがある。いかにわが社の賃金が高くても、ルール、つまり決め方があいまいであったり、従業員相互間の格差が納得いかないものであれば、喜ばれる賃金とはいえない。賃金の高さを十分なものにするには、みんながんばって生産性を上げ、支払い能力を高めることが必要で、またそのことによってのみ可能となる。

しかし、ルールや格差は、決心することによってきちんとすることができる。そしてむしろ、賃金にとってまず必要なものはルールであり、かつ相互間の格差であるといってよい。

新しい時代に即した仕事や能力をみつめた賃金表を設定し、これに基づいて各人の賃金を決めていくならば、決め方も明確となり、従業員相互間の格差も適切なものとなる。それらを通じてみんなで意欲を高め、経営を盛り上げ、生産性を上げ、支払い能力を高めていくことにより、賃金の高さや人件費の適正さを維持していくことも可能となろう。

賃金にとって必要なものは、各人の賃金が公正かつ公平であること、および企業の支払い能力に対して適正であることの二つであるが、両者は別ものではなく、賃金表に基づいて公正かつ公平な各人の賃金を確立することが、支払い能力と賃金との関連を適正なものにしていく条件となる。

2　公正な個別賃金を目指して

右にも述べたように、銘柄別の賃金が個別賃金であるが、個別賃金はその高さとして、世間相場や生計費や各人の労働に対してバランスがとれていなければならない。つまり、個別賃金は公正であることが必要だ。

1　賃金の公正さとは

　ところで、生計費に見合った賃金といった場合、その生計費は世の中一般の生活レベルを向上させ維持するうえに必要な費用という形でとらえられるから、いわゆる世間相場（マーケット・バリュー）という概念は、この生計費の中に入り込んでしまう。また、労働に見合った賃金といった場合においても、社会的な労働対価としての賃金を考えていく必要があるから、同じように世間相場もこの働きに見合った賃金という考え方の中に広く内包されることとなる。したがって個別賃金の公正さの条件は、いわば生計費に見合うことと、各人の働きに見合うことの二つであるといえよう。

　つまり、生活保障の原則と労働対価の原則こそが個別賃金の公正さの二大条件であるといえる。

- 個別賃金の公正さ
  - 生活保障の原則
  - 労働対価の原則

能力主義賃金という立場から、いかに仕事や能力に応じた公正な格差を展開しても、一定の生活も保障されないような賃金では、それは公正な賃金とはいえないし、人材も育たないから、真の能力主義賃金とはいえまい。また逆に、いかに高い賃金であっても、それがまったく仕事や能力と無関係であってはインセンティブも乏しく、公正な賃金とはいえない。いったい、能力主義とは、能力や賃金のレベルアップと公正な処遇の二つからなるのであり、能力の開発、活用と、公正な処遇が前提となる。

生活保障の原則と、労働対価の原則——これこそが公正な個別賃金の条件であり、これからの賃金決定においては、この二つがたえず考慮されていかなければなるまい。そのためには、たえず現状を正しく把握すると同時に、問題点を修正する方向を確認し、賃金決定基準自体を公正かつ明確にすることが必要となろう。

個別賃金の決定基準自体があいまいであったり、ゆがんでいたのでは、それらの結果として招来される個人別賃金が公正であることは、まず、期待できない。

2　賃金決定基準をはっきりする

賃金表を設定するなどして決定基準を明確にすると同時に、これを社内に公開し、説明をし、併せてそれを現実に必ず守っていこうとする決意こそが、いうなれば賃金決定基準

１－１図　ベアと定昇の要素

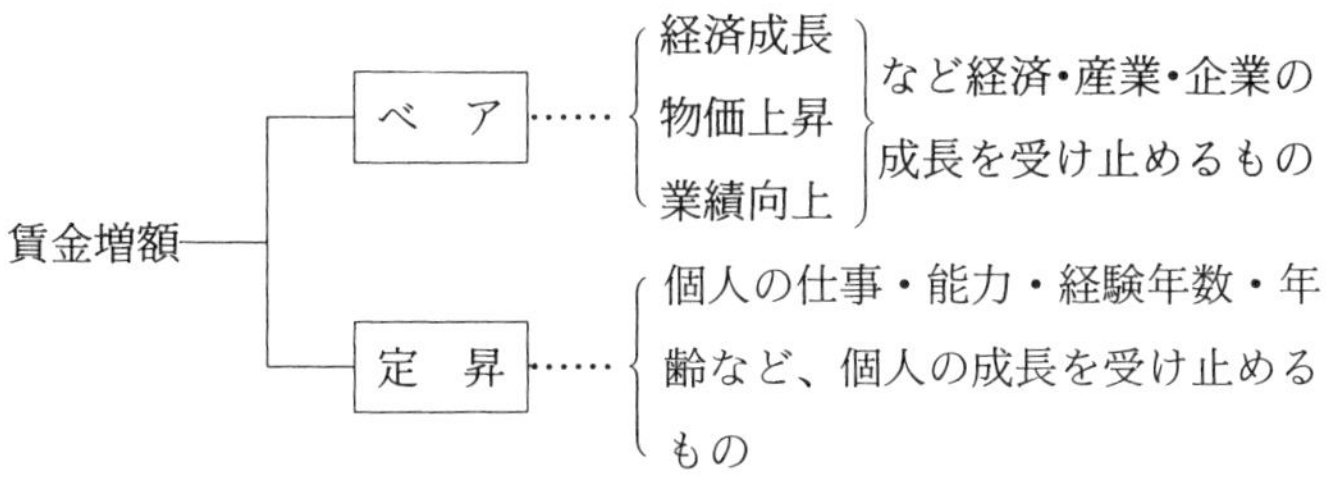

の明確化であるといえるのではあるまいか。賃金をめぐる不満は、説明不足からきているケースが多いことも忘れてはなるまい。

　ものごとをするには、いろいろの基本動作がある。基本動作を修得せず、また基本動作を守らない場合には必ずしもうまくいかない。

　賃金を決める際もそうである。賃金決定の基本動作は、

①　賃金表をはっきりと設定すること

②　その賃金表をもとにして定昇とベアを実施すること

であるといえる。賃金表も設定せず、定昇とベアを区別して行わないようでは、個別賃金のバランスはいつのまにか乱れてしまう。いったん乱れたら取り返しはつかない。

　定昇とは、従業員個々人の成長に応じて各人の賃金を賃金表の中で上のほうに動かしていくことであり、ベアとは、物価上昇や生産性向上によって賃金表自体を書き直し、引き上げてい

1－2図　ベアと定昇の関連

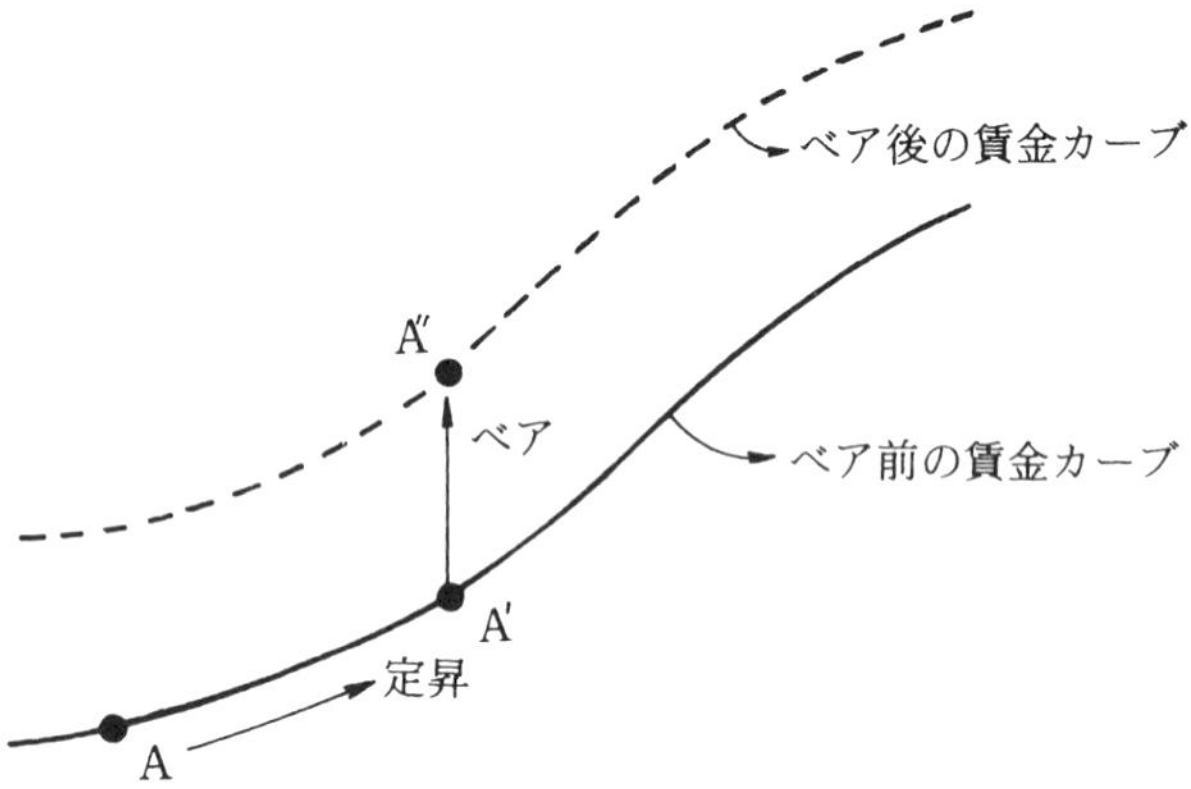

くことを意味する。つまり、昇給とベアは、まったく別個のものである（1－1図、1－2図）。

くどいようだが、賃金表を設定し、定昇とベアを区別し、定昇とベアを一定のルールに従って確実に実施していくこと、これが、いうなれば賃金決定の基本動作であるといえよう。前述のように、将棋を指すには、まず将棋盤を置き、将棋盤の高さを調整し、将棋盤の上で駒を一定のルールで動かしていくといった基本動作を守ることが必要で、そうでなければ、公明正大さを期すことはできない。今後は賃金表を設定し、それに基づいて定昇とベアを確実に実施していくようにしたい。

第二章　賃金表作成の事前作業

——自社賃金の分析・診断

賃金表を策定するには、まず自社の賃金が現実にどのような状態にあるか、その実態と問題点を知ることが前提となる。自社の賃金実態を無視して賃金表を設定しても、その賃金表に移行していくことが困難となるか、または無理して移行しようとすれば、膨大な原資を必要とする。また、自社賃金の世間相場に比べてのゆがみや、企業内賃金格差の今日的矛盾点を是正する方向で賃金表は設定されることが望ましい。そこで、まず賃金表の設定にあたっては、自社賃金の実態を多角的に分析し、問題点をよく把握しておきたい。

1　賃金のとらえ方

賃金には平均賃金と個別賃金と個人別賃金の三つのとらえ方がある。

平均賃金は、ある集団の賃金の代表値であって、労働者構成とか労働時間などのあり方によって変化する。つまり平均賃金は、賃金の高さのみを純粋にあらわす統計値ではない。

したがって、平均賃金は一人当たり労務費として、むしろコストの概念であるから、賃金の時系列動向の分析とか、生産性と賃金との関連で労働分配率を検討する際に用いるべきものである。

一方、個別賃金とは、いわば銘柄別労働力ないし労働の価格であって、賃金の高さをとらえる指標としては適切である。そこで賃金の高さをとらえる場合には、できるだけ個別賃金をもってとらえるようにしたい。さらに個人別賃金は一人ひとりの賃金であって、賃金のバラツキやゆがみをみるにはこれをもってしなければならない。

〔平均賃金の使い方〕

右に述べたように、平均賃金は時系列的な賃金の動きや、生産性との関連で、分配率などを検討する際に用いるのが本来である。しかし資料を入手することが難しいなどの理由により、平均賃金をもって賃金の高さの検討を行わねばならない場合もありうる。そのような場合には、次の配慮が必要である。

・第一の配慮

多くの情報を併記して用いる。他社と平均賃金を比較する場合、その平均賃金のもつ意味を十分に理解できるように、平均年齢、平均勤続、学歴別・労職別労働者構成、所定内および所定外労働時間、臨時給与、主なフリンジベネフィットの大きさなど、平均賃金を左右する諸条件を併記する。そのことによって、平均賃金は賃金の高さを検討する指標として参考程度には用いることが可能となる。

・第二の配慮

労働者構成が異なっていては、平均賃金の高さをそのまま比較しても意味がないから、自社企業または相手企業の、例えば年齢別構成、または学歴別構成、さらには労職別構成などに合わせ修正したうえで比較をする。この際、ラスパイレス式、パーシェ式、フィッシャー式などの方式があるが、これらの方法を会得して、平均賃金をできるだけ等質化したうえで修正するようにしたい。

・第三の配慮

これは平均年齢、平均勤続を賃金傾向値表を用いて修正するあり方である。賃金傾向値表とは、一八歳勤続〇年を一〇〇として、他のすべての年齢、勤続の賃金倍率を一覧表としてまとめたものである。厚生労働省の賃金構造基本統計調査を基礎データとし、労務行政研究所など一定の算式で毎年作成し、公表している。この賃金傾向値表による平均年齢、平均勤続の修正のあり方については、他の数学書を参考にしていただくこととして、ここでは煩雑であるので省略させていただく。

2　賃金診断の四つの側面

賃金を正しく決めていくには、まず自社賃金の現状と問題点を正しく知っておくことが大切である。自社賃金の診断は、少なくとも次の四つの側面で行うようにしたい。

第一の診断……【プロット図の作成】
　個人別賃金のプロット図を作って、賃金のちらばり（分布型）をみる。

第二の診断……【基本給ピッチの計算】
　モデル賃金で賃金カーブの傾き具合、つまり年齢間格差が適切であるかどうかをみる。

第三の診断……【賃金水準の把握】
　プロット図とモデル賃金を使って自社賃金の水準がどのような位置づけにあるかを知る。

第四の診断……【ベース年収の計算】

月例賃金のほかにボーナスの何カ月分を加えれば、一定の生計費水準を自社賃金が満たしうるか、つまりベース年収をとらえておく。

これらの四つの予備診断は、賃金表の作成にあたってぜひとも必要である。

3 第一の診断——プロット図の作成と分布型の把握

プロット図はレントゲン写真のようなもので、賃金の分析診断のまず基本ベースとなる。

1 プロット図の作り方

全従業員の賃金を方眼紙の上に打って、その分布状態を観察したり、他の賃金、生計費指標と比較したり分析したりする。**2―1図**がその見本例である。横軸に年齢をとり、縦軸に賃金額をとる。男女別、部門別、職種別で色を分け、また管理職と非管理職とでは、符号を別にし区別がつくようにする。例えば**2―1図**のように管理職は㊀、一般男子は黒

２－１図　プロット図の作り方

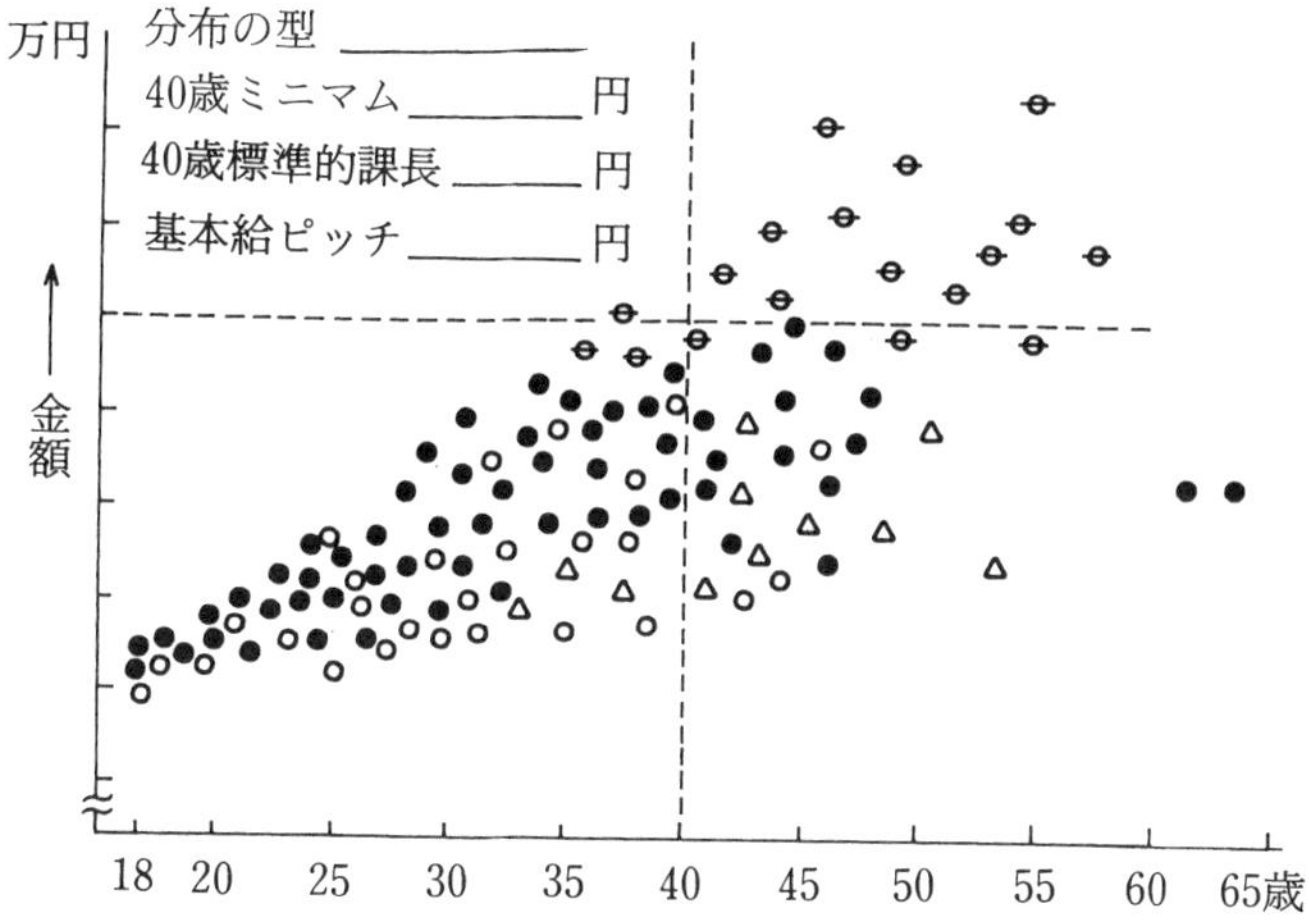

で●、女子は赤で○、中途採用者は△という形である。ただし、中途採用というのは三○歳以上で、勤続三年未満の者のみとするのがよい。五○人の会社なら五○点、五、○○○人の企業なら五、○○○点打つというように、完全に全員（全体をカバーするようにとったサンプルでもよい）を打つことが大切である。なお、このようなプロット図は、賃金体系の分析用としての基本給プロット図と、水準の分析用としての所定内賃金プロット図の二つを用意するようにしたい。

２　診断のポイント

２－１図の左肩に記した四つのアイテム

が、プロット図をみるうえで有効な判断材料となる。

(1) 分布の型

全般的に右上がりになっているかどうか、管理職と非管理職との重なり、または離れ具合はどうか、男女の賃金格差が目立っていないか、全体的な散らばりの度合いはどうか、などをみる。

右上がり（年齢別最低保障が適切になされている）となっており、管理職と非管理職とが四〇歳前後で浅く重なり合っており、女子の賃金が男子の分布領域の中にちゃんと入っている、仕事や能力に応じて適切に格差が形成されている、などが望ましい分布ということになる。

(2) 四〇歳ミニマム

三五～四八歳の間で最も低い賃金は、自社ではいくらとなっているかも大切である。中途採用者の賃金がこれに該当する場合が多いが、その水準が年齢給を設定するときの重要な判断指標となる。それが一定水準以下（平成一八年現在で二九万円）なら年齢給を入れることは難しいし、二〇～二四万円以下なら形だけの年齢給でしかあり得ない、といった具合である。

(3) 四〇歳標準的課長の賃金と基本給ピッチ

これについては後述することにする。

3 分布型の判定

すなわち、その分布型は基本給プロット図の場合、今日、おおむね2―2図のようにA型からH型まで八種類に分かれる。型の違いによって、賃金体系のあり方など対応の仕方が異なるから、自社賃金がいずれの型であるかを正しく把握しておくようにする。

4 第二の診断――モデル賃金の把握と基本給ピッチの計算

1 モデル賃金とは

「個別賃金」というのは、銘柄別賃金のことだが、企業の中には、労働（仕事）や労働力（能力）の銘柄はそれこそ数多くあり、全部とっていると、個人別賃金と同じものになりかねない。そこで個別賃金の分析にあたっては、代表的な銘柄の賃金を取り上げるのが普通である。

2－2図(1)　基本給プロット図の分布型

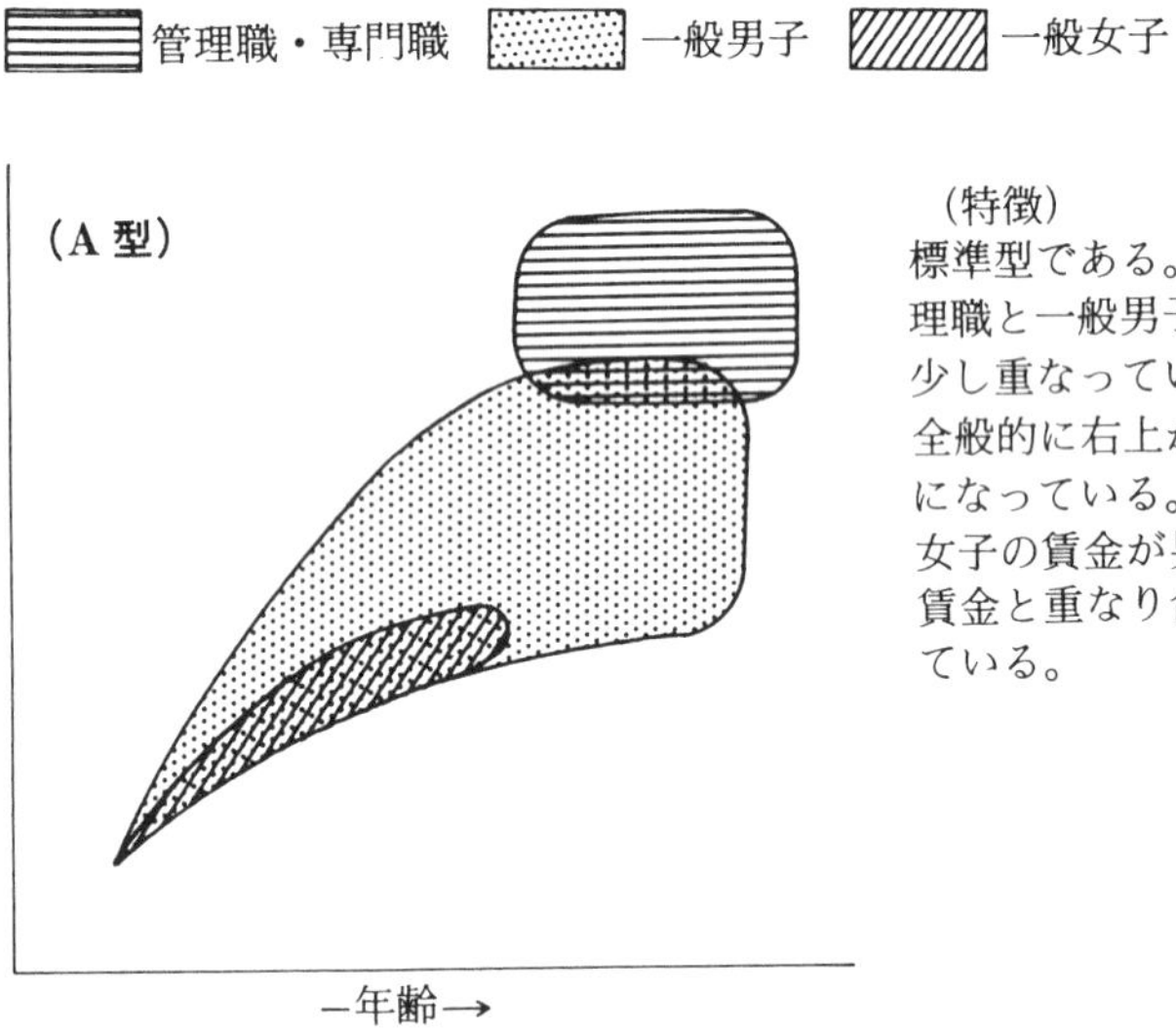

（特徴）
標準型である。管理職と一般男子が少し重なっている。全般的に右上がりになっている。
女子の賃金が男子賃金と重なり合っている。

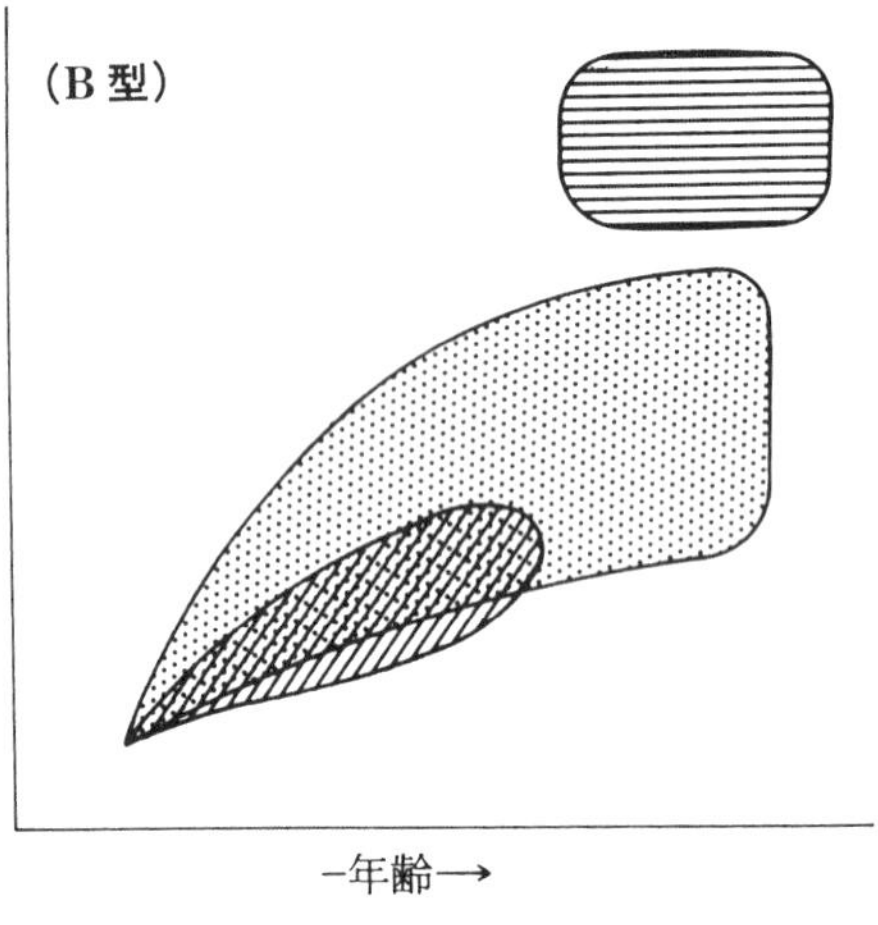

（特徴）
管理職賃金が一般男子と離れてかなり高い。
＊賃金表を作るとき、一般でまず設定し、あとで管理職賃金を上に乗せる。

2－2図(2)　基本給プロット図の分布型

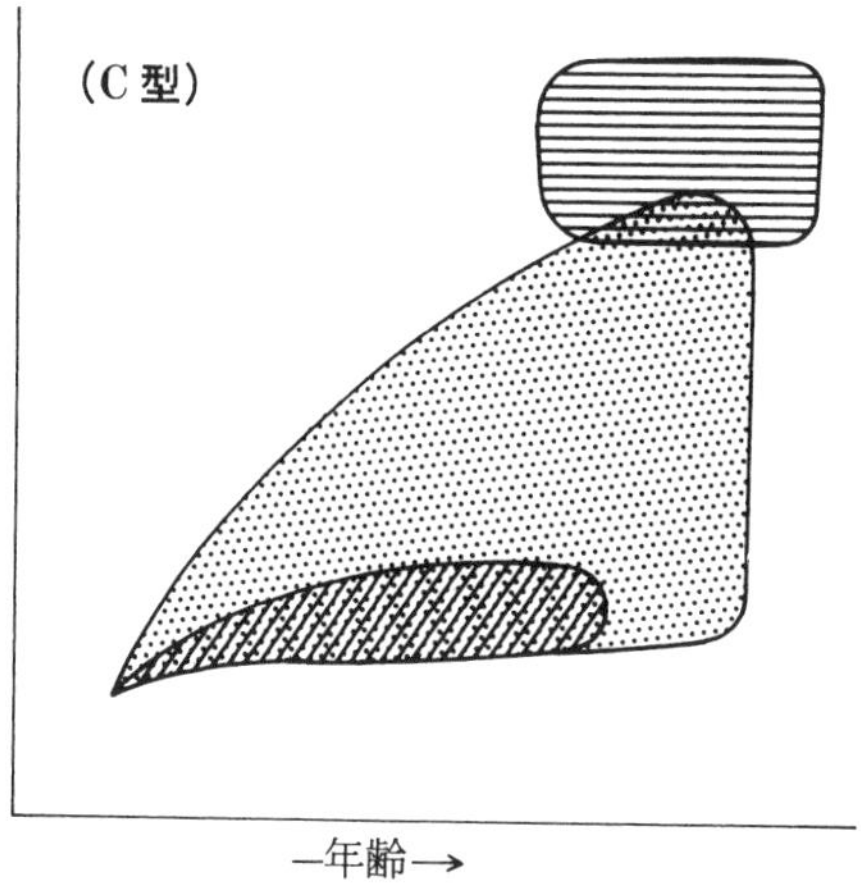

（特徴）
右上りになっていない。
＊年齢給を徐々に入れ右上りにしていく。

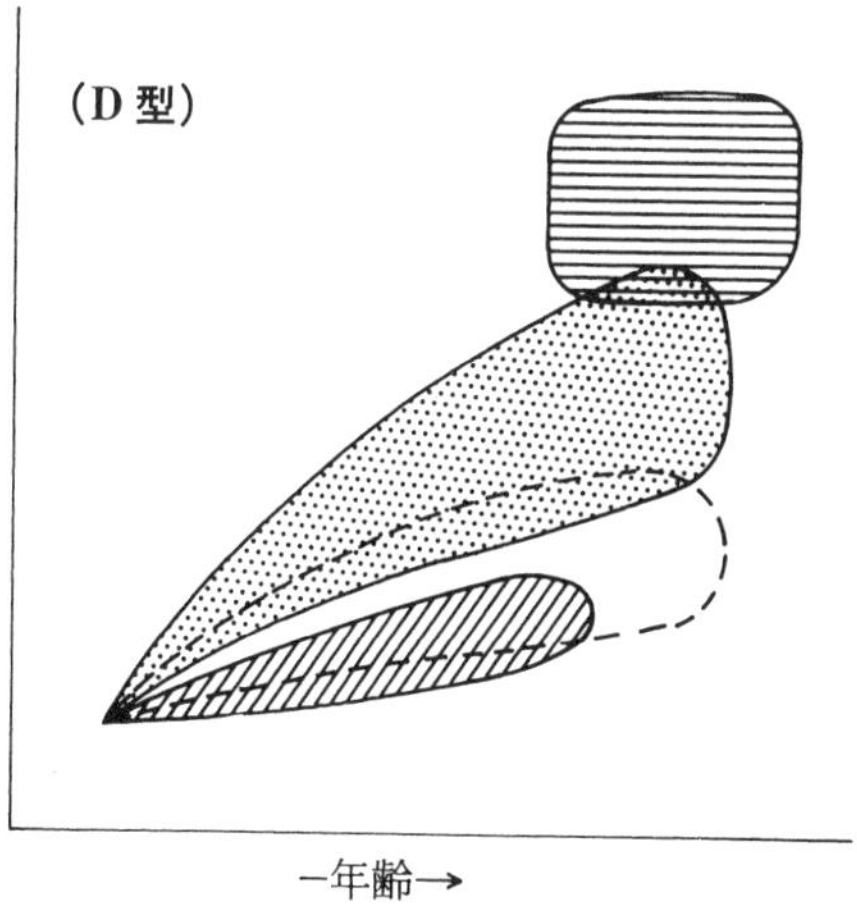

（特徴）
職種や部門によって分布領域が異なっている。例えば労職で差があるなどである。

2 − 2 図(3)　基本給プロット図の分布型

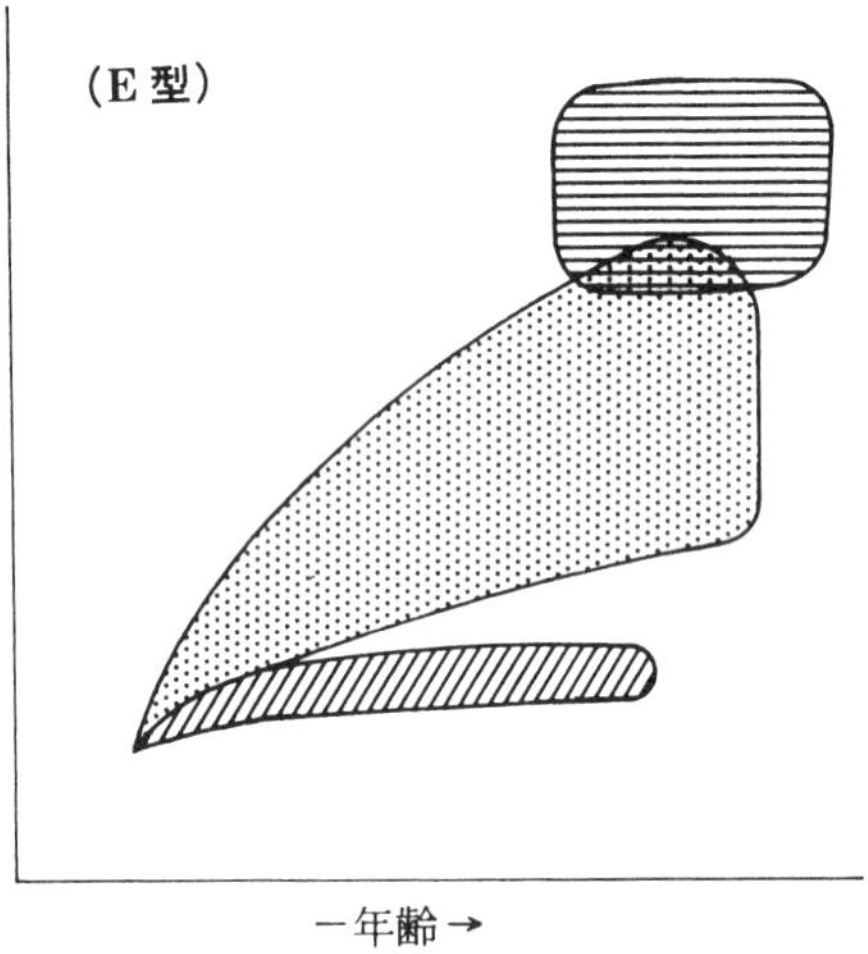

(特徴)
女子の賃金のみが低い（望ましくない)。
＊年齢給を入れて是正する。

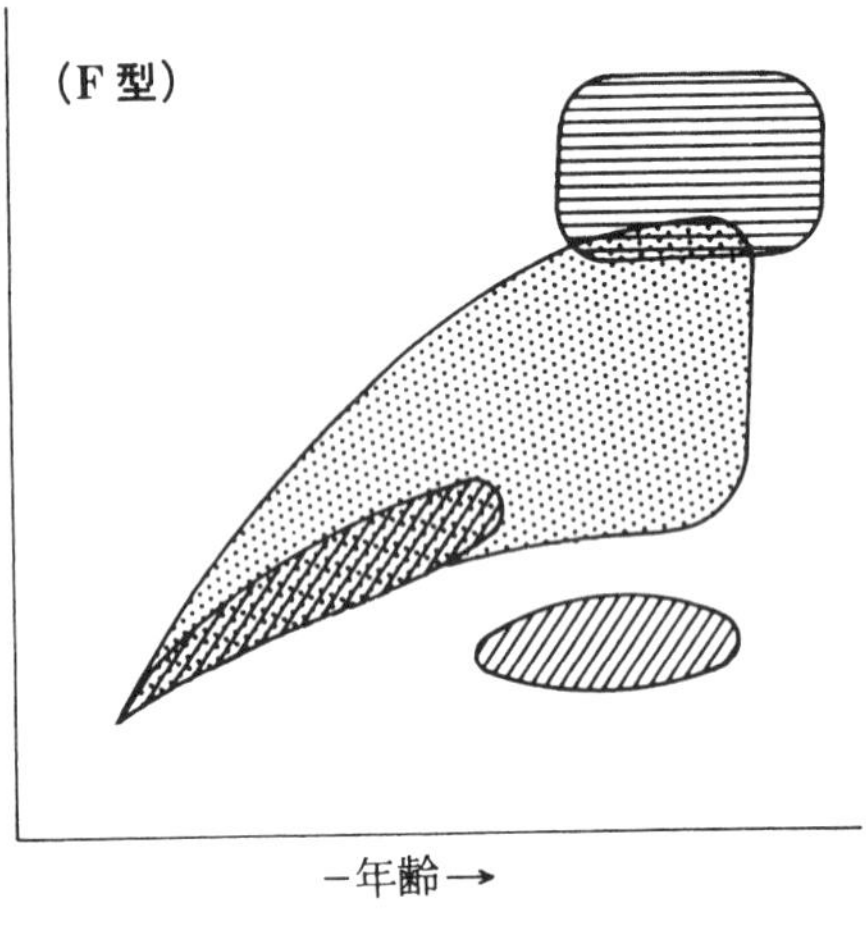

(特徴)
中高年女子が分離している（望ましくない)。

2－2図(4) 基本給プロット図の分布型

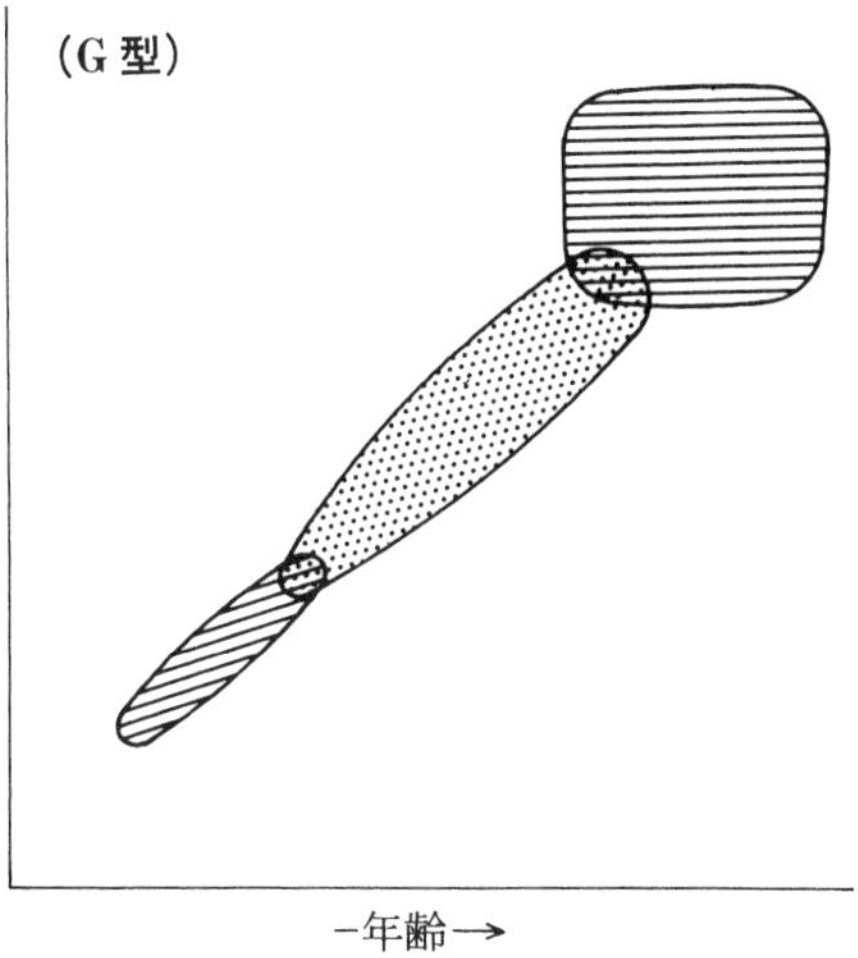

(特徴)
急激に膨張した若い企業に多い分布型。ほとんど年齢で賃金が決まっており、傾斜も大きい。

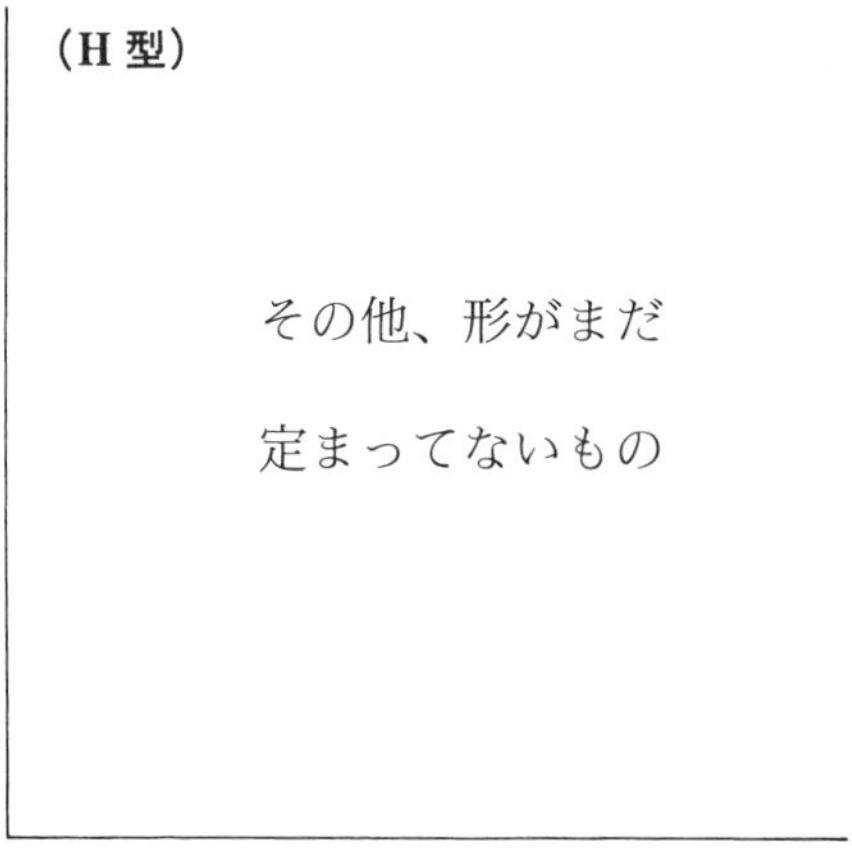

(特徴)
全般的に賃金が広がっており、右上りではない。
＊賃金体系、賃金表を整備する。

さてそこで代表銘柄だが、それは一般的には次のような条件に沿ったものがとられる。すなわち、〝学校を卒業して直ちに入社し、その後標準的に昇格・昇給し、世帯形成（結婚年齢や子女誕生）も標準的に経過している場合の属人的条件（年齢や勤続や扶養人員）および職務条件（仕事や能力）に合致している銘柄〟である。このような銘柄条件をモデル条件という。

モデル条件　＝　代表的銘柄

モデル賃金　＝　代表銘柄の賃金（モデル条件に見合った賃金）

2　モデル賃金の種類ととり方

モデル条件に合った賃金がモデル賃金だが、そのモデル賃金は、データのとり方によって三つの種類のものがある。

●理論モデル……モデル条件に合った賃金を賃金規定や賃金表によって理論的にはじいたもの

●実在者モデル…モデル条件に合った実在者を探し、その賃金をとったもの

●実在者賃金……標準入社者の全部（何も標準的な昇格・昇給者とは限らない）を対象として、各年齢ごとの第３・四分位数をとったもの。標準モデルとも呼ばれる。

これら一つひとつの性格を正しく理解し、使い分けることが大切である。では、それぞれを説明してみよう。

第一の**理論モデル**だが、これは学校を卒業して直ちに入社し、その後、標準的に昇給していった者が、あらかじめ企業の中で用意された賃金表に基づいてとらえていった場合、どのような賃金になるかを追ったものである。

したがって、これは実態の統計ではなく、あくまでも賃金表に基づいた制度としてのモデル賃金である。だから厳密には、制度として賃金表が企業内で確定されていない場合、理論モデルは設定することはできない。あくまでも賃金表の中で、あらかじめ設定された標準昇給条件によりとらえていった、各ステージ（年齢や勤続や職位）ごとの賃金である。

制度的なものであるゆえに、この理論モデルはほかのモデル賃金に比べ最も純粋であり、賃率としての意義をもち、水準からいっても高いものとなる。

次に第二の**実在者モデル**であるが、これは賃金表によるものではない。モデル条件に該当する企業内の実在者を探し求め、その賃金を年齢別につづっていったものがこの実在者モデルにほかならない。一般民間研究機関で各種のモデル賃金が作られ、公表されているが、その大半はこの実在者モデルである。

これらのモデル賃金のとり方をみると、〝モデル賃金は、学歴、年齢、扶養家族等について、これに該当する者の賃金をとり、在籍者のない場合、モデル条件にあわせ平均昇進年数により記入している〟となっている。

これは、あくまでも実在者の中から標準的な人を取り出し、その賃金をとらえていったものであるから、最も現実に即した点では優れているが、はたして条件に合致したいわゆる標準者なる者を客観的に選び出すことができるかどうか、技術的に難しい問題点を含んでいる。標準的にといった場合、年齢や勤続、扶養家族はよいとして、わが国の場合、昇格においても昇給においても、当然査定が行われているのであるから、はたして標準的に昇給した人の賃金を確実にとらえることができるかどうかは問題が多い。

実在者モデルは決して制度的なものでもなく、また企業の中における多くの人の賃金の高さを統計的に示したものでもないから、その点においては性格的には中間的であり、やや中途半端な感をまぬがれない。

さて、第三の**実在者賃金**であるが、これは標準的に入社した者はすべて対象として、その各年齢の第3・四分位数または平均値または並数値または中位数値をとる。四分位モデル、平均モデル、並数モデル、中位数モデルなどである。このようにして各年齢の一定条件に該当する人たちの数学的代表値を求め、つづったものが実在者賃金である。これはいわば、まさに現実の賃金の統計としての意味をもつ。実在者を標準的なものとして一人だけ選ぶのではないから、選択上の判断や不安定性は入り込まない。あくまでも該当する人たちの第3・四分位数、平均または並数または中位数をとるからである。ただし、モデル賃金というからには、第3・四分位数がのぞましい。

社会経済生産性本部の活用労働統計（06年版）によるとモデル賃金の位置づけを図のように示しつぎのように解説している。

「グラフで見るように一般にモデル賃金は現に実際に働いていて得ている賃金より高い額であり、モデル賃金を実在者賃金の代用とするわけにはいかない。」（活用労働統計06年版の241頁より引用）。

3　モデル賃金の使い方

以上のように、各種のモデル賃金はその作り方は同じではないから、その性格をよく理解したのち利用していかねばならない。

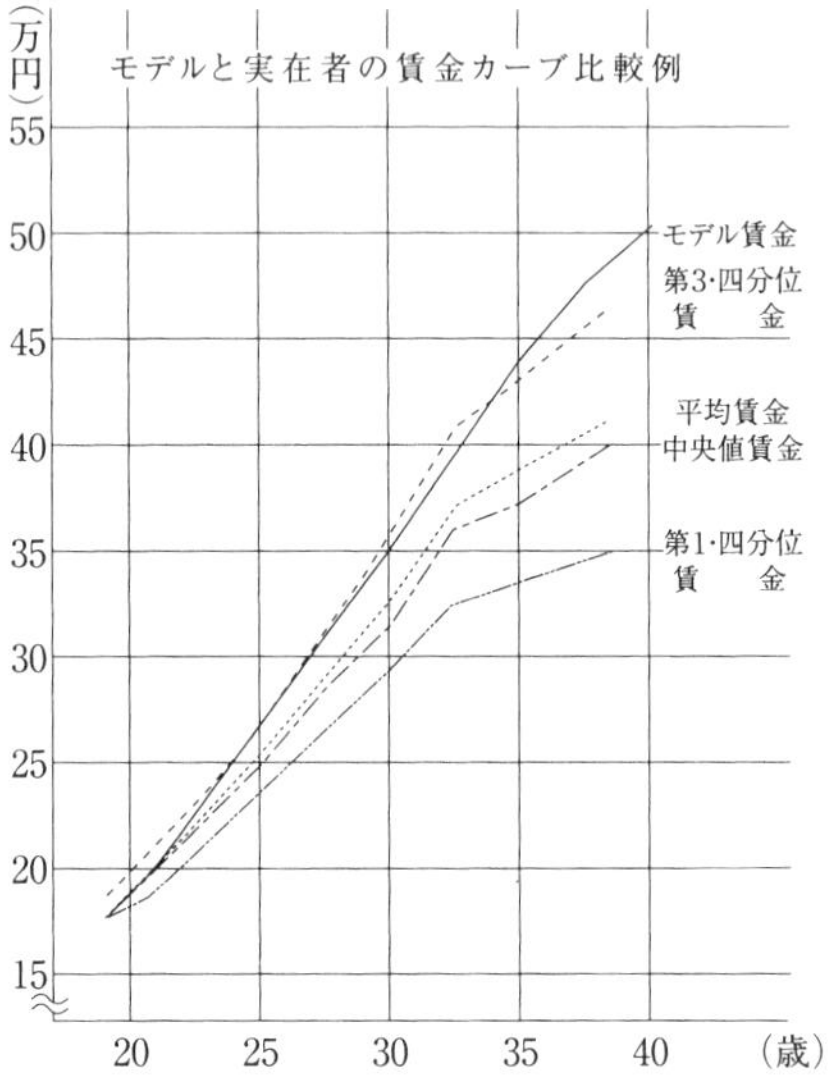

なお、いずれの場合においても、モデル賃金の範囲はほとんど所定内賃金を対象としている。つまり所定外労働に対する賃金や特定の賃金を除いたすべてであるといってよい。基本給と手当の区別は、その考え方は各社によってまちまちであり、したがって基本給のみをとってモデル賃金を作っても統一性がないからである。

しかし企業内での賃金診断にあたっては所定内モデルと基本給モデルの二つを作っておくことが望まれる。

┌所定内モデル……水準の検討のために
└基本給モデル……賃金体系の検討のために

まず理論モデルは明らかに制度としての賃金表を踏まえたものであるから、それはその企業のいわゆる公式的な賃率を示す。賃率とは、その企業におけるいわば労働力の公定価格のようなものである。賃金表を線として表示し直したものが理論モデルにほかならない。本来、賃金交渉、特にベアは労働力の価格改定であり、つまり賃金表の書き替えなのである。したがって、賃金交渉は、賃金表改定交渉を行うのが本来の筋である。

この場合、賃金表のすべてにわたって交渉することは困難であるから、賃金表上のいくつかの基幹的な賃率を取り上げ、これを労使でいくらにするかの交渉を行うべきである。基幹賃率はもちろん一つではなく、複数的なものとなろう。一般にはこういったものに類似した形のものとして、今日、ポイント賃金、いわゆる個別賃金要求といったものがある。正確に個別賃金交渉を行おうとするならば、賃金表の中のいくつかのポイント、つまり基幹賃率交渉を行うのが正当である。賃金表の中の基幹賃率とは、理論モデルの中のいくつかのポイント賃金と同じことになる。このことからして明らかなように、本来、ベア交渉とは理論モデルの書き替え交渉ということがいえる。したがって、理論モデルは賃金交渉に利用されるべきものであるといえる。

反面、理論モデルは必ずしも現実の賃金の実態を示すものではないから、賃金の高さの分析とか比較とか吟味にはやや不適である。そのような現実の高さをとらえたり分析したり比較するには理論モデルではなく、むしろ実在者賃金が最も適しているといえよう。なぜならば、すでに説明したように、実在者賃金は各年齢の標準的な条件に合致する人たちの第3・四分位数、平均、並数、中位数のいずかをとり、これに最低と最高を付随させたものであるからである。したがって、これはまさしく当該企業の賃金の高さの実態を示すものといってよい。

モデル賃金のうち理論モデルのみが、いわば個別賃金であり、ほかは個人別賃金であるといえる。ただし、実在者モデルは個別賃金と個人別賃金との中間的なものであり、そのゆえにおいて賃金交渉や賃金の高さの分析に、いずれにも何となく利用できる意味において便利であるが、その性格はあいまいであり、いわゆる理論モデルや実在者賃金に比べると中間的な存在にしかすぎない。

以上のように、理論モデルは賃金交渉に、実在者賃金は賃金の高さの分析に使い分けることが肝要であり、さらに参考として実在者モデルを併せ使うといったあり方が、モデル賃金の正しい使いみちであるということができる。

今後、年功賃金は修正されていくとしても、終身雇用は比重は低下するとしても基本的には継承されていくであろう。終身雇用制がある限り、標準的に昇格、昇給という概念は存続する。その意味において、今後もモデル賃金は依然として有用であろう。

その際必要なことは、すでに述べたことから明らかなように、一つは「理論モデル」、他の一つは「実在者賃金」を整備していくことであり、そのために賃金制度の整備、充実をはかっていくことが望まれる。ただし、モデル賃金は依然としてモデルにしかすぎない。

2－3図　モデル賃金の使い方

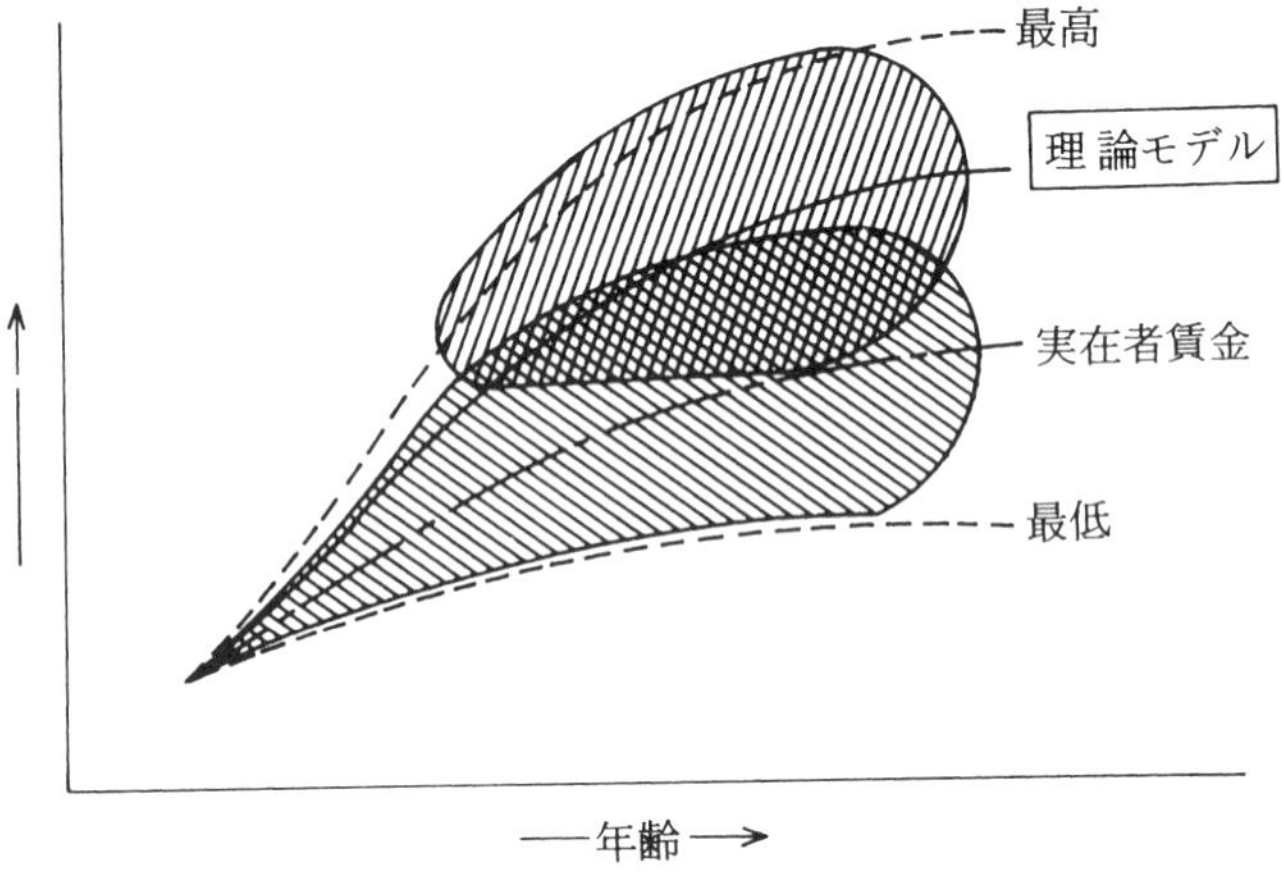

したがって、賃金の全体の把握という観点からするならば、やはり限界があるのである。

したがって、**2－3図**でみるように、賃金の現実の把握という観点から、全従業員の個人別賃金のプロット図を描き、その上に賃率としての理論モデル、実在者賃金の集約図としての実在者賃金、および最高、最低を併せ表示した形のものをたえず用意し、これを労使で吟味、分析する態度が必要である。

4　基本給ピッチの計算

賃金表を作成するには、自社の基本給ピッチを正確にとらえておく必要がある。

２—４図　基本給ピッチとは

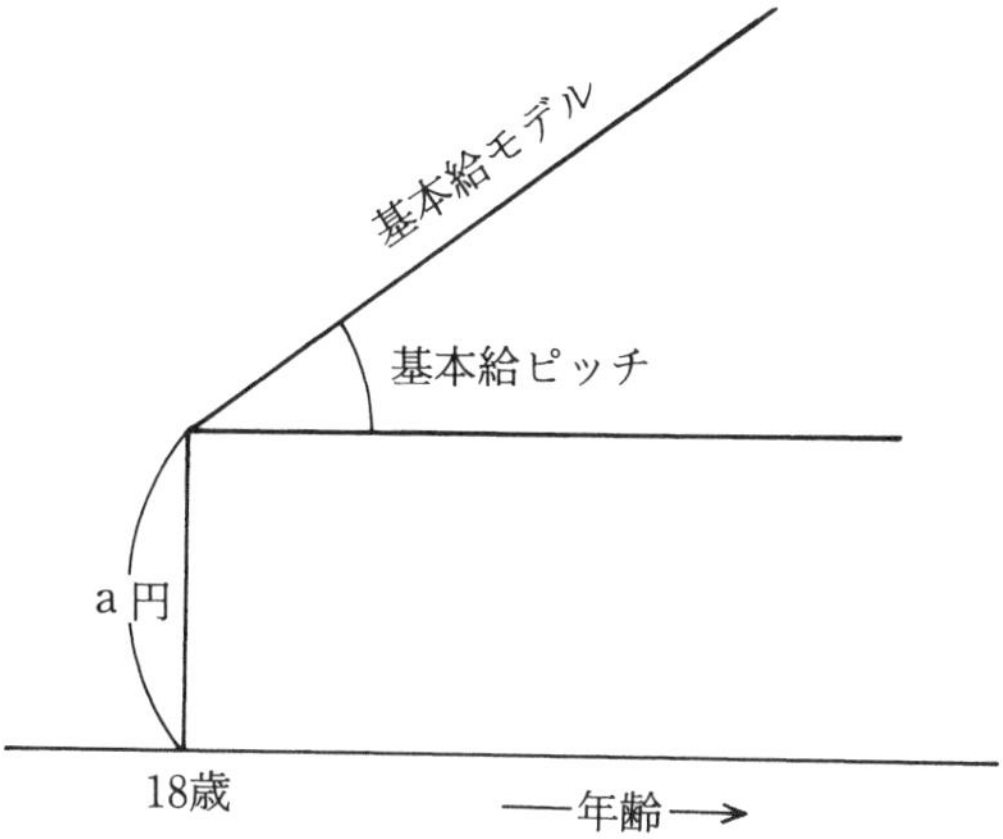

これを職能給とか年齢給に配分する形で賃金表は作られるからである。

(1)　基本給ピッチとは

学校を卒業して直ちに入社し、その後標準的に昇格、昇進、昇給していった場合の賃金カーブをモデル賃金（昇給基準線）という。そのモデル賃金を基本給のみで作ったものを、基本給モデルという。この基本給モデルの横軸に対する角度、つまり一歳当たり格差が基本給ピッチである。

２—４図でみるとおりである。

この基本給ピッチは、賃金管理のうえで大変重要な意義をもつ。

(2)　基本給ピッチの意義

それはおおむね二つの点で重要である。

(i)　その企業の賃金の性能をあらわす

基本給ピッチが大きいということは、初任給からスタートした賃金が、その後、パワフルに上昇していくこととなり、いわば性能の高い賃金ということになる。反面、基本給ピッチが小さいということは、上昇パワーが弱く性能の低い賃金ということになる。企業の賃金にとって大切なのは、初任給の高さではない。初任給が高くても、基本給ピッチが小さくては、入社後の賃金の上昇が低いのだから、生涯労働、生涯生活の充足は不安定なものとなる。

また、諸手当を含めて賃金が高くても、基本給ピッチが低いのでは、やはり何にもならない。手当は、一定の条件を満たす者のみが受け取るのであり、条件に該当しない者にとっては無いに等しい。基本給こそが賃金の実力であり、その高さこそが真の賃金水準にほかならない。基本給がしっかりしていれば、ほとんどの手当は本来いらないものである。

賃金の診断にとって、基本給ピッチは最も重要な指標であるといえる。ついでながら、筆者が企業にいって賃金を診断するときは、(イ)賃金のプロット図、(ロ)基本給ピッチ、の二つのみを丹念に眺めることにしている。それで十分だからである。

(ii)　賃金表作成時の柱となる

自社に合った賃金表を作るには、自社の基本給ピッチを求め、これを各昇給項目に配分する形で、昇格昇給、習熟昇給、生活昇給（年齢給）を決める形をとる。そしてこれを基準にして賃金表を作ることになる。つまり、基本給ピッチは、まさに賃金表作成の基軸、いわば柱をなすことになる。基本給ピッチを決めない限り、賃金表を作ることはできない。

基本給ピッチが大きいと、職能給ピッチに回す部分がそれだけ豊かになり、メリハリの効いた職能給を作ることができる。その逆だと、どうしても生活給ピッチに一定部分がとられ、職能給は彫りの浅いものとならざるを得ない。

以上のように、基本給ピッチは、賃金の診断にとっても、賃金表の作成においても、重要な役割を果たすもので、いわば、賃金管理において最も鍵となる指標であるといえよう。基本給ピッチを抜きにして、賃金は論ぜられない。

(3)　一八〜四〇歳間で把握

基本給ピッチは、基本給モデルで計算することになるが、それは一般的には、一八歳と四〇歳の間で求めることになる。もちろん、高卒や短大卒がいない場合もあるから、企業によっては、一八歳ではなく、二〇歳または二二歳をとることもある。

ところで、なぜ四〇歳をとるのかであるが、それは次の三つの理由による。

(i)　直線区間でピッチを求める

今日、基本給モデルは、緩やかなS字型カーブを描きながらも、おおむね、一八～四〇歳までは直線に近い。四〇歳を過ぎると、企業によってその曲がり方はさまざまであるが、大きく屈折し湾曲する。生活昇給や習熟昇給といった定昇は、この年齢点を過ぎるころから、その伸びは鈍る性格が強いからである。その後は、昇格昇給が強まり、したがって、職階的にみれば、むしろ四〇歳を過ぎるころから、賃金カーブは上方に屈折していく。

湾曲点を挟んで、基本給ピッチを計算しても意味がない。そこで、基本給ピッチは、そのおおむねの直線区間であるところの、一八～四〇歳の二二年間（または二〇年間、または一八年間）で計算され把握される。

(ii)　一般職賃金と管理職層賃金の結び目

一般職層の賃金分布図と、管理・専門職層の賃金分布図を描くと、三七～四五歳前後層でいくらかでもその分布領域が重なり合う。いわば、四〇歳賃金は、両方の分布領域に絡んでおり、一般職賃金と管理職層賃金のまさに結び目としての意義をもつ。賃金表を作るとき、できれば管理職賃金と一般職賃金をきちっと結びつけておくようにしたい。管理職も労働者であり、その賃金も人件費の一部をなす。その意味で、一般職と管理職とは、少なくとも職能給などについては連続したものとして設定されておくことが望ましい。一般職に比べ、管理職の賃金が飛び離れてズバ抜けて高いのは問題が多い。そこで基本給ピッチを求めるとき、両者の接点をもってくることが適切だということになる。

(iii)　生涯労働の中間点

四〇歳は、一五歳から六五歳までの五〇年間のちょうど中間点でもある。賃金表を作るときの支点が、あまりにも生涯労働の中で手前過ぎたり、あと過ぎると、賃金表の構成が不安定となる。そこで一八～四〇歳で基本給ピッチを計算すると、その基本給ピッチは、賃金表の全体を支えるうえで安定したものとなる。

(4)　基本給ピッチの計算式

ところで、四〇歳はモデル賃金の職位条件としては課長となる。そこで、基本給ピッチは、一八歳賃金と「四〇歳の標準的課長の賃金」との格差を、二二で割ることによって算定される。すなわち、**2－5図**で示すとおりである。A点が四〇歳の標準的課長（モデル的昇進経過課長）の賃金、B円が管理職手当、家族手当など手当のすべての額、したがってC点が四〇歳標準的課長の基本給ということになる。D円を一八歳の基本給とすれば、（C－D）を二二で割って基本給ピッチの計算が行われる。

$$基本給ピッチ = \frac{40歳標準的課長基本給 - 18歳基本給}{22}$$

ところで、前述のように四〇歳は一般職でもある。したがって、労組の立場で、しかも管理職の賃金がどうしても入手できない場合、四〇歳の標準的係長でとらえることももちろんあり得る。

特に、管理職の賃金と一般職の賃金の分布領域が大きくかけ離れており、しかもそれぞれがまったく別の賃金体系、賃金表で運用されており、今後もそのような分離方式をとろうとするときは、基本給ピッチは係長ベースでとらえておき、それで一般職層の賃金表を設定することとなる。

A点のとり方 ┬ 全社ベースの場合……課長の賃金
　　　　　　└ 分離方式の場合………係長の賃金

一般職層で賃金表を作り、そのあとでその上に浮かせる形で管理職賃金表を作る、といったプロセスをとる。

２－５図　基本給ピッチの計算図

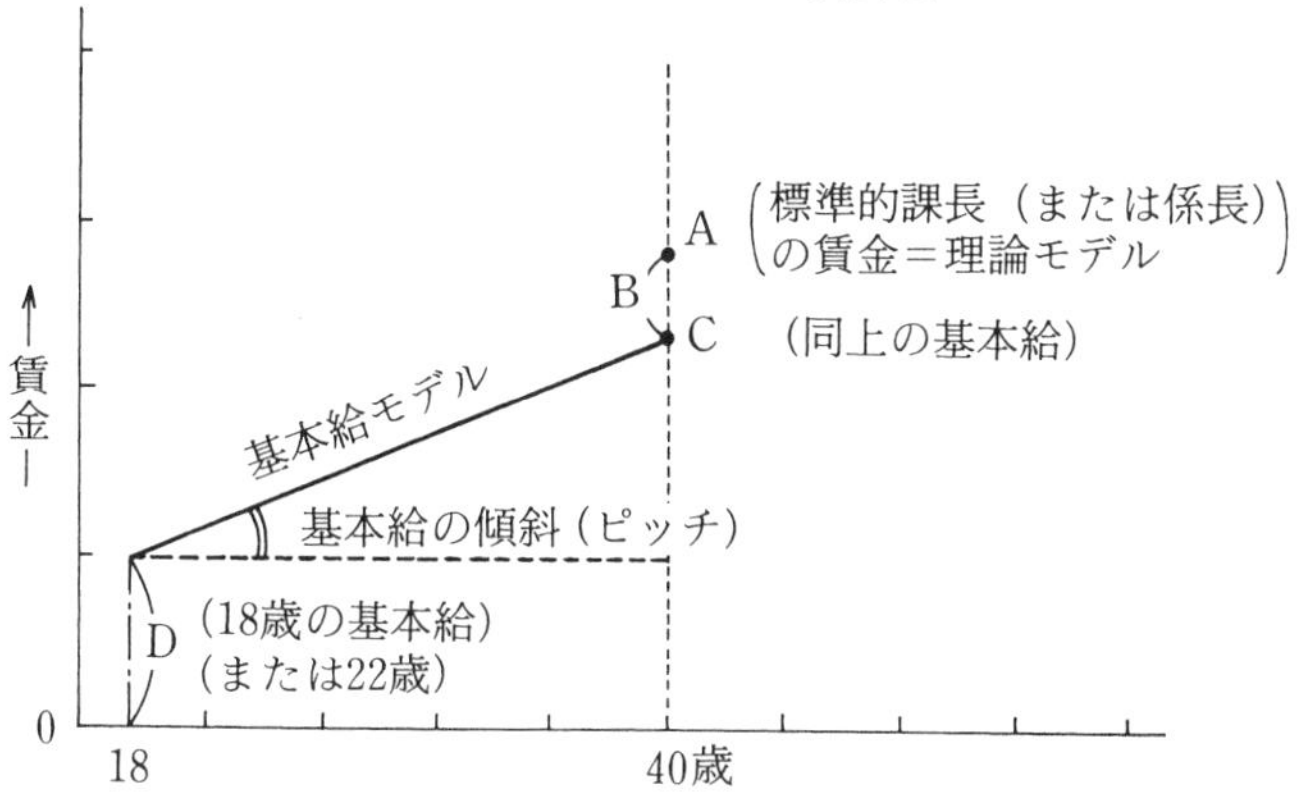

ただし本来は、一般職と管理職の賃金は前述のように連携されるべきものであり、したがってできるだけ、基本給ピッチは四〇歳標準的課長の賃金をベースに計算するようにしたい。

(5)　基本給ピッチの目安

(i)　地域により規模により大きなバラツキ

さて、以上のような基本給ピッチは、今日、いったい、いくらぐらいが社会的相場なのか。産労総合研究所など各種の調査資料を集約すると、**２－１表**のようになる。中堅企業に比べ大企業の場合、やはり基本給ピッチは傾向的に高く、さらに商業・金融業の場合、かなりピッチの大きい企業が実在する。また、地域によっても当然のことながら、かなり格差が目立つ。全体的にみれば、四、〇〇〇円から一二、〇〇〇円の間に散らばっていることになる。

しかしながら、基本給ピッチを左右する条件は主として次の三つがあり、これら次第では大企業でも低く、中小企業でも高いことにもなり、いちがいに、規模や地域のみでは論ぜられない。

① 初任給の高低

② 諸手当の大小

③ 賃金水準

仮に賃金水準（中高年層の賃金水準）が高い企業でも、初任給が異常に高いとか、諸手当が多いということになると、基本給ピッチは低いものとなる。初任給政策や手当の整理も、基本給ピッチを適正に保つための条件となるわけだ。

(ii) 基本給ピッチ一〇、三〇〇円

ところで、**2―1表**をすべて込みにしてとらえると（総平均）、今日（平成一八年）、基本給ピッチはおおむね一〇、三〇〇円となっている。東京、大企業などの場合、これより高い企業が多く、地方都市で中堅企業の場合、これより低い企業が多い。

また、四〇歳を係長で計算すると、約八、〇〇〇円となる。課長ベースに比べると二、三

2－1表　目安となる標準値（平成18年度）

（単位：円）

地　　域	100～1,000人	大　企　業	
		製　造　業	商業・金融業
東　　京	7,000～16,000	7,000～18,000	8,000～22,000
地方大都市	6,000～14,000		
地方中都市	5,000～13,000		
地方小都市	4,000～12,000		

（注）40歳係長の場合は、上表数字よりもおおむね 2,300円マイナス。

〇〇円ほど低いことになる。

標準的目安┬10,300円（課長）
　　　　　└8,000円（係長）

したがって**2―1表**を眺める場合、（注）にも記しておいたが四〇歳係長で基本給ピッチをとらえるときは、二、三〇〇円マイナスとすればよい。

この基本給ピッチが自社について相場に比べて低い場合は、(イ)中高年層の賃金が低すぎる、(ロ)初任給が高すぎる、(ハ)手当が多すぎる、のいずれかであるから、その原因をよく確かめ、今後改善していくようにしたい。

〔基本給ピッチの計算表〕

四〇歳の標準的課長の賃金	円	Ⓐ	
その中の手当分	円	Ⓑ	
四〇歳の標準的課長の基本給	円	Ⓒ	（Ⓐ−Ⓑ）
一八歳の基本給	円	Ⓓ	
一八歳と四〇歳の基本給格差	円	Ⓔ	（Ⓒ−Ⓓ）
基本給ピッチ	円	Ⓕ	（Ⓔ÷22）

（注）個人別のプロット図の分布型がB型である場合は、右のⒶ、Ⓑ、Ⓒは四〇歳の標準的係長の賃金をとって計算する。

5　第三の診断――プロット図とモデル賃金による水準の分析

1　自社賃金水準の診断

賃金水準の診断は、すでにいく度も述べたように、平均賃金でなく、プロット図（個人別賃金）とモデル賃金（個別賃金）で行う。

① 同業他社や公表賃金資料と比較する
② 生計費資料と比較する

自社賃金を比較する相手企業とか一般資料を、準拠指標と呼ぶ。この準拠指標を何にとるか、はっきり決めておくことが賃金の分析においては基本となる。ともすると自社の賃金が高いか低いかは労使で水かけ論となり、結論が得られないのが一般である。できるだけ労使の間で自社賃金の高さに対する認識、理解を共通のもの、または接近したものとするには、賃金を比較する相手企業とか一般資料をあらかじめ決め、労使で確認し、共通のベースで議論する習慣が望まれる。つまり準拠指標を確立しておくことが、賃金をめぐる労使のトラブルを軽減することとなろう。

では準拠指標として何を使うかであるが、それは、おおむね次のものとなる。

㋑ 同業他社

㋺ 同地域他社

㋩ 一般公表資料

これらのデータを定期的に入手し、整理し、前述の平均賃金やプロット図やモデル賃金と比較分析し、自社賃金の問題点を明らかにしておきたい。

2 同業他社の賃金

同業他社に比べ、自社の賃金がどのような位置づけにあるかを知ることは、新しい賃金表策定にあたって不可欠である。その意味においては、同業他社とできるだけ個人別賃金や個別賃金について資料の交換を行うようにしたい。

全員についての個人別賃金のプロット図を資料交換することが難しい場合には、モデル賃金、特に実在者賃金についての資料交換をするのもよいし、それもいくつかのポイント賃金を設定し、それらのポイントについての資料を交換することが考えられる。

ポイント賃金というのは、賃金を考える場合のいくつかの基幹となる賃率をいうのである。

例えば、それは、初任給、二五歳の賃金、二七歳の賃金、三〇歳の賃金、三五歳、四〇歳、四五歳といったように、年齢別に設定することも可能であるし、さらにこれらの年齢と職種や熟練度や役職位などと関連をした形で、いくつかのポイントを設定することが望まれる。いずれにしても、若年層や中間層や中高年層、管理職層、一人前の賃金、結婚時の賃金、標準世帯の賃金などがわかるような形で、これらのポイントは設定されるべきであろう。

モデル賃金についての同業他社と交換する際は、賃金の範囲、モデルの設定条件などについて、できるだけきめ細かく取り決めておく必要がある。でないと、現実の賃金とかなり遊離した典型的、理想的な賃金のみがモデル賃金として設定され、そのモデル賃金は現実の賃金を判断する材料とは必ずしもなり得ないからである。

さて賃金の範囲であるが、できれば①基本給と、いろいろの手当も含めた所定内賃金、②さらに臨時給与をも含めた賃金（年収）、といったように、段階的にその定義を設定し、比較することが望ましいといえよう。

3　一般公表データによるチェック

社会的賃金の高さをまったく無視した賃金を設定しても、そのような賃金表は公正な賃金を維持しうるベースとはなり得ない。賃金表の設定にあたっては、社会的な賃金相場を十分に吟味分析し、それらとの関連を重視した賃金表の設定が要求される。

さて、世間一般の賃金をみる統計としては、どのようなものがあるであろうか。最も一般的なものをあげれば、次のようなものである。

賃金の推移をみるもの＝厚生労働省「毎月勤労統計調査」（毎月）個別賃金の高さをみるもの＝厚生労働省「賃金構造基本統計調査」（年一回）、人事院「職種別民間給与実態調査」（年一回）、賃金の制度をみるもの＝厚生労働省「就労条件総合調査」（年一回）、制度と高さを兼ね合わせたもの＝中央労働委員会「賃金事情調査」、関東経営者協会「モデル賃金調査」、東京都産業労働局「中小企業賃金・退職金事情」、初任給をみるもの＝厚生労働省「賃金構造基本統計調査（初任給）」東京商工会議所「初任給調査」。

これらは少なくとも賃金の社会的な相場を知るうえにおいて有効であろう。これらを入手整理し、賃金表作成にあたって十分駆使されなければならない。

これらの統計の一般的性格および利用上の留意点は**2－2表**のようなものである。

モデル賃金は、前述したように学校を卒業してすぐ入社し、標準的に昇格・昇給していった人たちの賃金であるから、傾向としては実在者の賃金よりも一般にやや高いものとなる。したがって、これがそのまま賃金の高さをあらわすものではない。これは、あくまでも一つの企業における制度的かつ連続的賃金の軌跡を描いたものであるから、厳密な意味での統計ではなく、集計すればするほど意義が少ないものとなる。

したがって、モデル賃金の利用にあたっては、できれば同業他社など各社別の個別モデル賃金を入手し、比較するような心がけが望ましい。また、中労委のモデル賃金のように、第１四分位数、第３四分位数といった立体的なとらえ方をしているものが利用度が高く、さらにまた中労委のモデル賃金は、実在者賃金と実在者モデルとの両者が併用してあり、モデル賃金の位置づけを明確にすることができる。一方、厚生労働省の「賃金構造基本統計調査」は、年齢、勤続による条件別の賃金が設定されているが、これは必ずしも標準者のみの賃金ではないから、モデル賃金よりも数字は低いものとなっているが、むしろこれ

資料一覧

発行所	備考
労働法令協会	(年報は労務行政研究所)
労婦法令協会	最も信頼度の高い全国的な統計
労委協会	大企業を対象とした調査資料
日本経団連・東京経営者協会	
東京都	利用率は最も高い
国立印刷局	職種別賃金を知るのに便利
労務行政研究所	厚生労働省の賃金構造調査をベースとしている
労務行政研究所	制度統計としての唯一の官庁統計
労委協会	賃金のことならひととおり何でもわかる
国立印刷局	
国立印刷局	
中小企業診断協会	
国立印刷局	
社会経済生産性本部	
日本統計協会	
日本統計協会	
日本統計協会	
国立印刷局	

２－２表　主要統計

項目	統計名	調査機関名	調査回数
平均賃金	「毎月勤労統計調査」	厚生労働省統計情報部	毎月
個別賃金	「賃金構造基本統計調査」	厚生労働省統計情報部	年１回
	「賃金事情等総合調査」	中央労働委員会	年１回
	「定期賃金調査」	日本経団連・東京経営者協会	年１回
	「中小企業の賃金事情」（「中小企業賃金・退職金事情」）	東京都産業労働局	年１回
	「職種別民間給与実態調査」	人事院	年１回
	「新賃金傾向値表」	労務行政研究会	年１回
賃金制度	「就労条件総合調査」	厚生労働省統計情報部	年１回
	「賃金事情調査」	中央労働委員会	年１回
	「職種別民興給与実態調査」	人事院	年１回
生産性	「工業統計表」	経済産業省	年１回
	「中小企業の経営指標」	中小企業庁	年１回
	「法人企業統計」	財務省	四半期別・年別
	「労働生産性指数」	社会経済生産性本部	毎月
生計費	「消費者物価指数」	総務省統計局	毎月
	「小売物価統計調査」	総務省統計局	毎月
	「家計調査」	総務省統計局	毎月
	「標準生計費」	人事院	年１回

が実態に近いものといえよう。

4　生計費資料からの検討

(1)　生計費と賃金

賃金は、労働力の再生産費用（つまり生計費）としての性格をもつ。わが国のように労働者の生活を支える仕組みが、企業に大きく依存している状態の中にあっては、特にキャッシュとしての賃金と生計費との関連は重要なのである。したがって自社の年齢別の賃金が、年齢別生計費に比べてどのような水準にあるかをはっきり知っておくことは、労働者にとっては特に大事な問題であり、経営者側からみても従業員の労働意欲、定着率、労使関係といった諸点から重要な意味をもっている。

もちろん、自社の賃金の高さを考えるとき、生計費との比較以前に、自社賃金と社会的賃金相場との比較ということが、実際には問題となるわけだが、いずれについても資料の適切な入手なり把握は難しい。

例えば賃金統計にしても、モデル賃金とか平均賃金統計などが主体で、実際に各個別の賃金（銘柄別の賃金）がどのように今日バラつき、分布しているのか、という詳細な資料となると、なかなか入手しにくい。生計費資料についても、自社で特別の調査を行うのならば別だが、そうでなければ、生計費と賃金の関係が適切に検討できるような資料を入手することはなかなか難しい。賃金にしても生計費にしても範囲・定義・時点などでぴったりという資料は、なかなかないからである。

しかし前述のごとく、自社の個別賃金が全体的にみて生計費や賃金の世間相場に比べてどのような状況にあるか、その特性を知っておくことは、賃金交渉、賃金の改善、賃金体系の改訂などの作業の前提として、どうしても必要なのである。生計費資料について、その見方、使い方をここでは少しばかり考えてみることにしたい。

(2) 生計費の構成要因

生計費とは、生活に必要な費用という意味で、それは世帯規模と物価と消費水準の三つによって規定される。

生計費
- 世帯規模
- 物　価
- 消費水準

したがって、一定の消費水準、物価であっても、世帯規模が変われば生計費は変化する。

逆の表現をすれば、つまり世帯規模を一定にすれば、消費水準や物価の変動による生計費の動きを純粋に知ることができる。

つまり生計費の時系列変化をとらえるためには、世帯規模の変化を除かなければならない。総務省統計局の「家計調査」では、調査世帯のローテーションにより、月々または年々の世帯人員が変化するが、これでは純粋な生計費の変化をとらえることができないので、三〇・四日に換算し、世帯規模を統一（四人世帯）したうえで、月々または年々の家計消費の動きをみている。

(3) 理論生計費算定の種類

さて、生計費には実態生計費と理論生計費の二つがある。

実態生計費とは、現実にいくらかかったかということで、通常は家計調査等で把握される。わが国では総務省統計局の「家計調査」が、その主要なものである。実態生計費の特徴は、現実の支出の高さを示すもので、現実の所得のゆがみによって規制されている点である。つまり賃金の前向きな改善の資料には不十分だ。労働組合の賃金要求なり、労使による賃金制度の改訂を考える場合は必ずしも十分な資料とはいえない。そこでこれだけの生活をするにはどれだけの費用が必要かという生計費を算定し、これと賃金とを比較検討することが一方において望まれるわけである。つまり、これが理論生計費である。

ところで、理論生計費の算定方法には、大きく分けて三つある。

一つは全物量方式である。これはある一定の生活を営むには、どのような銘柄の品物をどの程度購入すればよいかという生活模型を、品目とその量で表示したものである。これをマーケットバスケット（マ・バ）方式とも通常いう。これに各品目の時価を乗じて算定されるものが、全物量方式の理論生計費である。しかし、これは衣料とか雑貨などのように、算定の難しいものまでマーケットバスケットを組み上げなければならないところに不安定な要素が残る。

そこで、次の第二の方法がある。それは半理論生計費（半物量）方式である。これはエンゲル方式とも呼ばれるもので、食料費だけはマーケットバスケットを組み、それに時価を乗じて算定する。

食料費以外の費用については、エンゲル係数（消費支出に占める食料費の割合）の逆数で割って全生計費を算出するか、または食料費以外の費目は、実態生計費から並数（最も該当の多い層の数値）をはじくなどして算出する方法である。

さて、第三は生計費解析方式である。現実の家計調査をいろいろの角度から解析する。

その結果、例えば、ある消費支出レベル以下になると急激に病気をする人が増えたり、知能指数が低下するなどがわかったとすると、その消費水準は何らかの意味をもつ。つまり、一定の文化的健康的な生活ができないデッドラインとみなされる。そこで、このラインをもって最低生活費とみなすことが可能となる。また逆に、一定の支出以上になると急激に愉楽的な支出（つまり、ぜいたく品の購入やレジャー関係の支出など）が増えてくるラインが発見できたとするなら、それを愉楽生計費とみなす。このように実態生計費から、詳細な解析を通じて各種の生計費を想定し設定することができる。例えば家計調査を分析して標準生計費や最低生計費を算定していく方法である。わが国の典型的資料では、昭和二八年の労働科学研究所の「最低生計費の研究」がこの当初のものにあたる。

以上のように、理論生計費の出し方には主要な三つの方法があるわけだ。

労働組合が賃金政策をたてるためには、長期的な生活ビジョンを設定したり、賃上げ要求のための最低生計費の算定が必要となる。

すでに明らかなように、理論生計費の性格なり仕組みは、どのような生活を営むかを政策的に設定し、それにその時点での価格を乗じるのであるから、当然、その立場なり政策なりによって数字が異なってくるのはいたし方ない。ただいえることは、現実を無視した理論生計費を算定し、それをベースとして現実の賃金を検討してみても、あまり実りある結論を引き出すことは難しかろう。やはり、現実を少しずつ改善していく形で理論生計費の算定も考えていくことが望ましいあり方だといえよう。

そのような意味において、例えば、食料費はマーケットバスケットで設定するとして、ほかの費目については総務省統計局の家計調査報告の並数値をとる。つまり、現実の一般的な家庭の実態より算定するというような半理論生計費などは、現実的なものとしては、それだけ妥当性は強いといえるかもしれない。しかし、反面、理論生計費としてはいろいろと問題が多いことも否定できない。

⑷　人事院標準生計費による賃金の検討例

さて、以上のように生計費の算定の方法はいろいろあるが、いまここでは、実態解析方式による生計費規模に準じて、愉楽生計費や最低生計費や最低生存費を、人事院の標準生計費をベースとしてはじき出し、それと今日の賃金の分布実態との関係がどういう事情にあるかを、実証的経験的に相互関連をチェックしてみよう。このようにして、賃金の現状を把握するためのひとつの有用な資料を設定することができる。

平成一七年四月時点における人事院の標準生計費を素材としてみよう。この人事院の標

2－3表　世帯人員別標準生計費

（平成17年4月）　　　　　　（単位：円）

項　目	1　人	2　人	3　人	4　人	5　人
食　料　費	29,910	31,370	45,020	58,670	73,320
住居関係費	25,170	55,610	49,980	44,340	38,700
被服・履物費	10,350	5,030	8,420	11,820	15,210
雑　費　I	46,940	39,700	60,880	82,060	103,230
雑　費　II	17,280	34,560	37,120	39,680	42,230
計	129,650	166,270	201,420	236,570	271,690

（注）　各費目と家計調査大分類項目との対応関係は次のとおりである。

食　料　費……食料

住居関係費……住居，光熱，水道，家具，家事用品

被服・履物費……被服および履物

雑　費　I……保健医療，交通，通信，教育，教養誤楽

雑　費　II……その他の消費支出（諸雑費，こづかい，交際費，仕送り金）

2－4表　ライフサイクルの設定

世帯人員	1　人	2　人	3　人	4　人	5　人
年　齢	18歳	26歳	30歳	35歳	40歳

2－5表　負担費率

（全国勤労者世帯）

年	実支出	消費支出
平成8年	1.258	1.00
9	1.275	1.00
10	1.263	1.00
11	1.262	1.00
12	1.258	1.00
13	1.258	1.00
14	1.259	1.00
15	1.258	1.00
16	1.258	1.00
17	1.253	1.00

資料出所：総務省統計局「家計調査」

準生計費は、**2―3表**のように世帯人員別に出ているが、これと賃金を比較する場合に、第一に必要なことは、賃金は一般に年齢別で把握されるので、世帯人員別数値を年齢別数値に置き換えなければならない。それは通常、ライフサイクルの設定という形で行われる。ライフサイクルとは、例えば二六歳で結婚し、三〇歳で第一子を生み、三五歳で子供二人の標準四人世帯になる、といったようなものである（**2―4表**）。

このようなライフサイクルを設定し、世帯人員別生計費を年齢別生計費に概算値ではあるが、置き換えることが可能である。**2―4表**でみるように、ここでは一人世帯を一八歳、二人世帯を二六歳、三人世帯を三〇歳、四人世帯を三五歳、五人世帯を四〇歳と設定した。

ところで、また消費支出には、いわゆる税金、社会保険料、組合費などの負担費は含まれていない。家計調査では、消費支出にこのような負担、つまり非消費支出を加算したものを「実支出」と呼んでいる。なお参考までにふれると、このほかに、さらに人にお金を貸すというような「実支出以外の支出」を含めたものを総計して「家計支出」といっている。

前記の、人事院の標準生計費がとらえている支出というのは「消費支出」である。賃金はふつう税込みで議論され、統計がとられているので、比較する場合には、標準生計費に

「非消費支出」を加えたもので比較しなければならない。非消費支出をどれくらいに考えるかであるが、これは従業員の実態から分析してもよいし、また、ある程度理論的にみてもよいが、ここでは総務省統計局の家計調査報告よりその割合を調べることとする。**2―5表**でみると消費支出に対し、非消費支出は平成一七年現在でおおむね二五・三%となっている。そこで、ここではこの数値を用いて負担費の割合を算定し、標準生計費の修正値を出してみることとした(**2―6表**)。これが、各年齢に対応するいわば税込みの消費支出であるといってよい。このように修正したもので賃金と比較することができる。なお、人事院の標準生計費は毎年八月に四月時点の数字が発表される。そこで、該当年の四～八月までは前年数字を時点修正をして使うことにならざるを得ない。時点修正は、一般的に、その春のベア率および消費者物価上昇率を勘案して行うのが適切である。

さて、これをベースとして、愉楽生計費、最低生計費、最低生存費の三つを推算してみよう。

まず、愉楽生計費について考えてみる。標準生計費が五割アップした段階から、支出項目の内容はかなり変化し、特に雑費が急激に増えることが欧米においても、わが国のこれまでの生計費解析においても明らかにされている。このことは、標準生計費の五割を超えたラインから、愉楽的な生活が可能だというひとつの基準としてとらえることができよう。いま、この考え方を用いて標準生計費の五割増をもって愉楽的生計費と考えることとしよう。愉楽生計費をどの程度のラインとするかは、政策的な立場によるものであるから一定の約束事のうえに立って設定すればよいわけだが、ここでは前述のとおり五割増をもってした。

次に、最低生計費である。これは通常、標準生計費の二割減、つまり八割をもって最低生計費とされている。各国における最低生計費論議も、おおむね標準生計費の八割程度とされている。

さらに、標準生計費の半額、つまり五割となると、これまでの分析においてもエンゲル係数の逆転、つまりエンゲル係数の低下が行われる。これは、最低ギリギリの衣・住を保つために食事を節約しなければならなくなり、かえってエンゲル係数が低下していくわけである。ということは、このラインは人間としてのギリギリの生活を営むためのデッドラインであるといえよう。このような意味で、最低生存費ということがいえるだろう。

以上をまとめると、標準生計費の五割増をもって愉楽生計費、八割をもって最低生計費、五割をもって最低生存費とみなすことができよう。

2－6表　人事院標準生計費(平成18年度)における各種生計費の推定

原資料	平成18年度〔O〕	18歳	26歳	30歳	35歳	40歳	(48歳)
		1人	2人	3人	4人	5人	
		129,650	166,270	201,420	236,570	271,690	
I	負担費修正 O× 1.253 〈A〉	162,452	208,336	252,379	296,422	340,428	(364,300)
II	愉楽生計費	A×1.20 194,942	A×1.35 281,254	A×1.39 350,807	A×1.48 438,705	A×1.50 510,642	(546,400)
III	最低生計費	A×0.80 129,961	A×0.80 166,669	A×0.80 201,904	A×0.80 237,138	A×0.80 272,342	(288,700)
IV	単身 最低生計費	A×0.80 129,961	A×0.68 141,669	A×0.65 164,047	A×0.62 183,782	A×0.60 204,257	(216,500)
V	最低生存費	A×0.75 121,839	A×0.60 125,002	A×0.55 138,809	A×0.52 154,140	A×0.50 170,714	(180,400)

※時点修正は、消費者物価など変動要素が安定しているため、不変とした。

なお、賃金と比較する場合に考慮しなければならないのは、一八歳においては、賃金格差はあまりみられないから、一八歳時点での愉楽生計費は標準生計費の二割増、最低生計費、最低生存費はいずれも二割減として設定するのが適切である。

このようにして各種生計費を算定したのが**2－6表**である。なお、この表には「単身最低生計費」というものが入っているが、これは標準生計費の六割として設定されているもので、一般に最低生計費のさらに低いラインとしてしばしば取り上げられる水準のものである。

さて、**2－6表**の各種生計費を方眼紙の上に描いてみよう。それが**2－6図**である。この描き方だが、各年齢別の生計費を緩やかなS字型カーブになるように結ぶようにする。なお五人世帯を四〇歳と設定してはいるが、年齢別の生計費はここでその上昇をいきなり止めるのでなく、四八歳ぐらいまでは少しずつ上昇させ、それ以後を横ばいとするのが現実的である。さて一方、各種の賃金データなどにより、賃金の実情について、所定内賃金を用いてプロットしてみる。すると賃金と生計費カーブの間に**2－7図**のような関連があることがわかる。図中の○番号はチェックポイントとしての意義をもつ。

2－6図　各種生計費

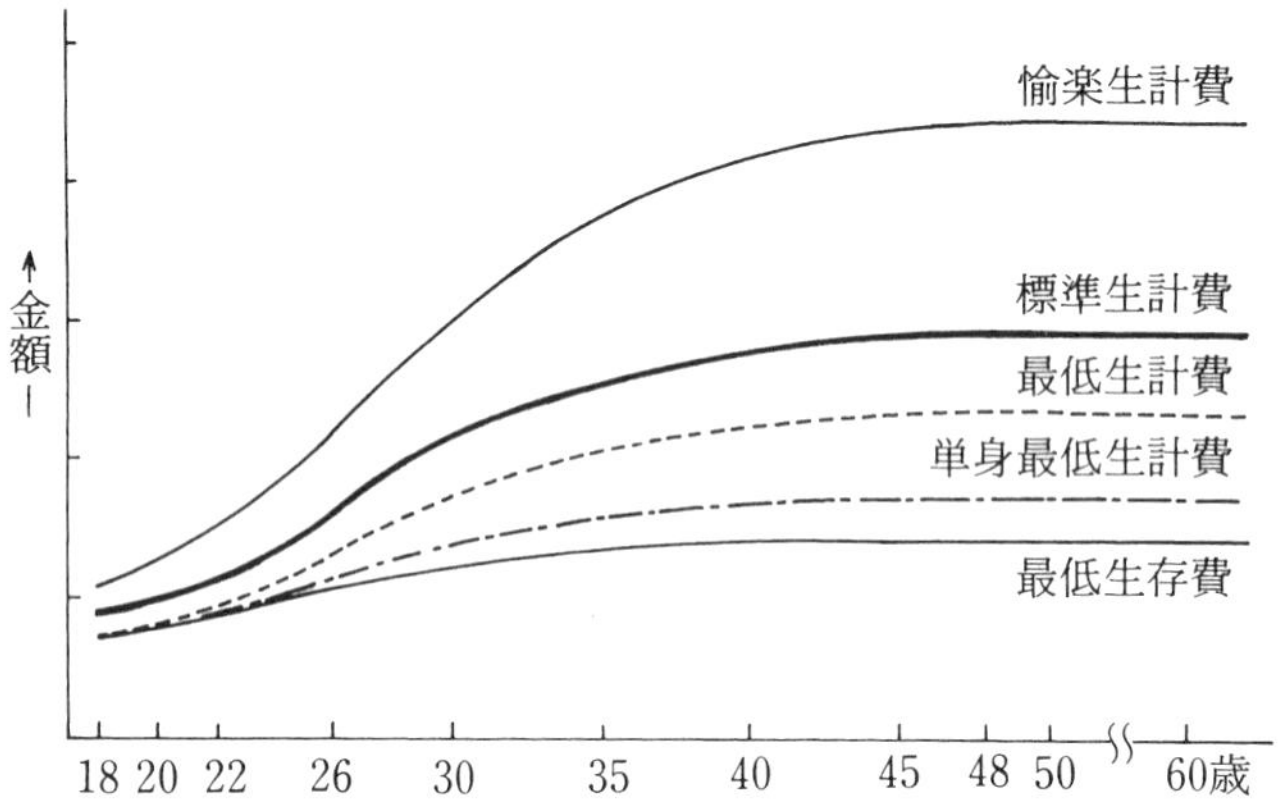

2－7図　各種生計費と賃金の分布領域（参考）

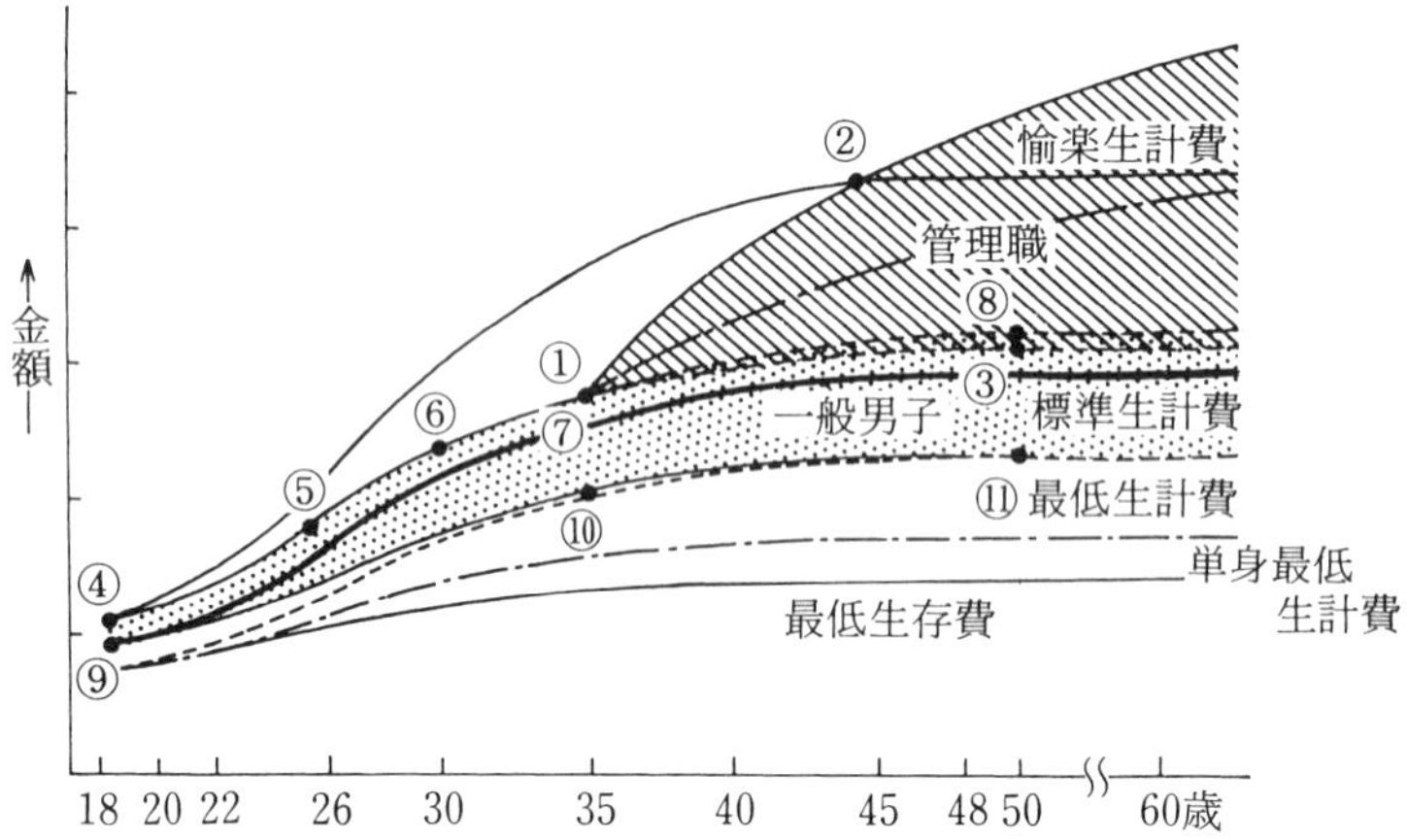

自社賃金をプロットしたものと生計費を比較し、そこから管理職の賃金はどうか、男子の賃金はどうか、女子の賃金はどうか、中間層の賃金はどうか、中高年層の賃金の中だるみ傾向はないかなどを十分チェックし、問題点を明らかにしておくことが必要である。

ところで、人事院の標準生計費は、国家公務員の給与勧告のための資料である。賃金の決定要素には、生計費と労働市場における需給関係と、生産性の三つがある。しかし国家公務員の場合、生産性指標をとらえることは、はなはだ難しい。そこで、公務員の賃金は一般民間の賃金水準と生計費の二つから給与勧告が行われる。これを受けて人事院では公務員の給与勧告にあたっては、生計費面からのチェックをするために標準生計費を毎年計算しているのである。

この標準生計費は、現実の実態をもかなり反映したものであるという意味において、穏当であり、わが国の労使においても利用率はきわめて高い。ただ、非消費支出が含まれていないとか、教育費、住宅費などの支出が、現実の支出に比べて低いのではないかという疑問があることなども留意しておく必要があろう。

2－7表　各県人事委員会の世帯人員数別標準生計費（都道府県庁所在都市別）
（平成17年4月）　（単位：円）

都市	2005年（平成17年）				
	1人世帯	2人世帯	3人世帯	4人世帯	5人世帯
札幌市	112,580	154,340	178,840	203,340	227,820
青森市	103,670	133,160	160,550	187,960	215,350
盛岡市	121,700	163,590	193,530	223,490	253,440
仙台市	123,114	171,638	200,954	230,266	259,573
秋田市	132,278	162,818	199,716	236,611	273,494
山形市	126,200	176,600	204,550	232,490	260,420
福島市	117,190	151,650	183,850	216,020	248,210
水戸市	116,100	149,360	180,269	211,174	242,070
宇都宮市	118,640	159,233	188,208	217,180	246,144
前橋市	115,320	155,210	183,460	211,700	239,930
さいたま市	152,430	174,300	223,590	272,900	322,180
千葉市	103,450	130,000	159,190	188,390	217,580
東京都	138,650	177,140	213,770	250,410	287,040
東京都区部	140,100	177,450	214,760	252,080	289,380
神奈川県	135,280	166,360	205,490	244,610	283,710
新潟市	112,270	149,430	178,120	206,810	235,500
富山市	122,263	162,479	195,960	229,437	262,907
金沢市	162,980	200,910	249,470	298,000	346,510
福井市	107,020	143,720	170,750	197,780	224,790
甲府市	117,210	150,280	183,040	215,800	248,540
長野市	119,970	164,430	193,990	223,550	253,120
岐阜市	171,110	235,170	272,690	310,180	347,680
静岡市	129,771	176,677	208,962	241,243	273,518
名古屋市	128,580	161,270	197,370	233,490	269,590
津市	133,090	155,970	199,470	242,970	286,460
大津市	126,810	147,450	188,590	229,740	270,860
京都府	127,700	159,150	195,260	231,370	267,450
大阪市	141,540	165,610	209,090	252,550	296,020
神戸市	100,130	121,200	151,690	182,180	212,660
奈良市	143,150	177,380	219,110	261,010	302,550
和歌山市	104,534	127,118	159,262	191,405	223,538
鳥取市	116,100	153,200	182,990	212,770	242,550
松江市	128,689	176,970	207,020	237,070	267,100
岡山市	116,010	153,250	184,980	216,680	248,390
広島市	119,484	150,312	184,218	218,120	252,014
山口市	130,522	173,224	207,214	241,201	275,179
徳島市	147,950	196,800	236,930	277,040	317,130
高松市	116,478	148,535	180,803	213,066	245,321
松山市	120,440	160,910	193,060	225,230	257,370
高知市	128,550	167,850	201,760	235,670	269,590
福岡市	127,760	173,950	203,280	232,610	261,920
佐賀市	115,790	148,890	178,730	208,600	238,450
長崎市	104,950	137,970	165,520	193,060	220,610
熊本市	113,242	144,673	175,603	206,527	237,446
大分市	127,910	177,150	209,410	241,660	273,900
宮崎市	144,461	206,709	236,059	265,400	294,735
鹿児島市	126,690	166,020	199,570	233,130	266,640
那覇市	90,810	128,240	148,100	167,950	187,800

6　第四の診断——ベース年収の計測

1　生計費と賃金

生計費の中には、時間外手当も臨時給与からの消費支出分も含まれている。そこで、生計費は何も所定内賃金だけで満たす必要はない。所定外賃金は別としても、少なくとも臨時給与のなにがしかは含めて比較すればよいことになる。貯蓄の純増が必要であるから臨時給与をすべて込みにして生計費と比較することは問題は多いが、一部は当然、生計費との比較上の対象となる。

> 月々の所定内賃金プラス臨時給与の一部で生計費をカバーする

さきの**２－７図**をみても月々の賃金だけでは標準生計費を満たし得ない者が多い。これが今日の一般的水準である。

年間臨給

月　例　賃　金＋生活一時金＋業績賞与
（所定内賃金）

ベース年収

2　ベース年収の考え方

そこで、月例賃金（所定内賃金）に一定の臨給部分を加算したもので所要の生計費水準を満たすといった政策をとったとする。この場合、これをベース年収と考えることができる。ベース年収を実質賃金の対象としてとらえることも適切であろう。

ベース年収に含まれる臨給部分は生活一時金として位置づけられる。これを超える部分は、業績賞与として位置づけることができよう。今日の臨時給与が、固定的な生活一時金と変動的な業績賞与をもって構成されることは否定できない。ベース年収については春の賃金交渉時に併せて決めるようにしてみてはどうであろうか。

3　ベース年収のとらえ方

2―8図でみるように、まず三五歳から四〇歳までの間で、世

2－8図　ベース年収の計測

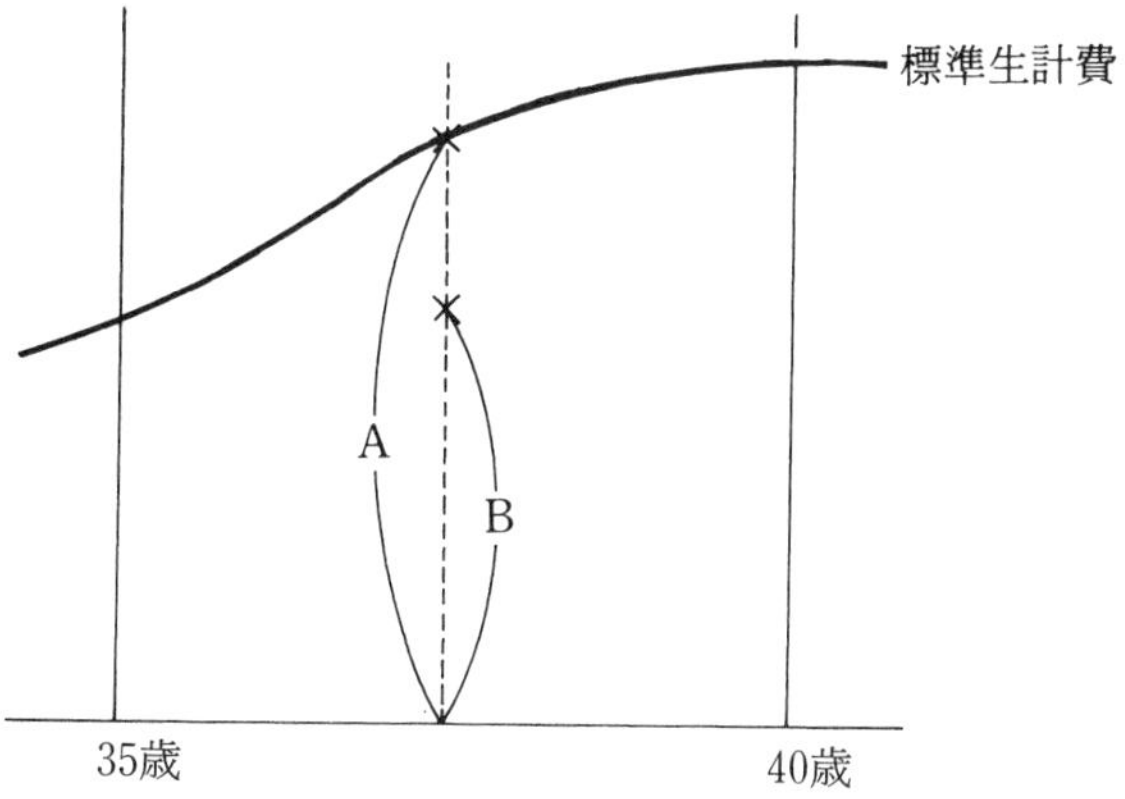

算定式　1）$\frac{A}{B}\times 12=$ Cカ月

2）C－12＝Dカ月　(生活一時金)

3）「年間臨給」－D＝「業績賞与」

帯主で標準入社者のうち、最も低い賃金をプロット図から探し出す。その点をBとしよう。

その年齢での標準生計費を図の上からよみとる。それをAとしよう。Bに対するAの倍率を求める。

A／B

これに一二を掛けると、ベース年収が算定できる。このA／Bは、一番低い者の賃金を何倍すれば標準生計費をカバーできるかを示す。

仮にA／Bが一・二五だとすると、ベース年収は一五カ月分ということになる。このベース年収から一二カ月分を引いたものがいわば生活一時金に相当する。もしこれを上回る臨時給与があるならば、その部分は業績賞与として位置づけることが可能であろう。

7 生涯労働の視点に立つ個別賃金政策をもつ

賃金表作成にあたっては、現在の自社賃金を将来に向かってどのように修正していこうとするのか、水準との関連で将来への個別賃金格差構造への長期ビジョンが必要となろう。そのような長期ビジョンを反映した形で賃金表を設定し、今後、毎年の調整を行っていく必要があるからである。このような個別賃金政策がない場合、賃金表を設定しようとしても、政策面からの支えがないために、賃金表はきわめてもろいものとなり、毎年の調整をめぐって労使で再び論争やトラブルを生ずることとなる。

一般的な個別賃金政策のあり方を述べれば、次のようなものとなろう。

生涯労働を一五～六五歳の五〇年間（一昔前は一五～六〇歳であったが）として、それは一五年間ずつでおおむね三つに区分される。

2－9図のように三五歳までがヤングエイジ、三五～五〇歳がまさにミドルエイジ、そして五〇～六五歳の一五年間がエキスパートエイジ層ということになる。高齢化、定年延長、継続雇用の中で、全般的に区分年齢ポイントは五歳ずつ高まりつつあるのが今日的認識である。

プロット図やモデル賃金を使って自社賃金を診断する際、ただ漠然と眺めるのでなく、ヤング層、ミドル層、エキスパート層に分けて、その賃金水準や散らばりや傾斜をとらえることが大切である。ヤング層の立ち上がりが鈍い、したがってミドル層が中だるみとなっている、エキスパート層の賃金が不当に落ち込んでいる、または逆に年功賃金であり過ぎるなどが、一般的に今日の各社共通の問題点となっていることに留意するべきであろう。

ヤング層の賃金の立ち上がりが低くては、せっかくの人材の定着がおぼつかないし、ミドル層賃金が中だるみでは人材の確保、意欲の高揚、そして経営の強化はとうてい望めない。また、エキスパート層の賃金が年功的であったり不当に低いのでは、この層の優れた人材の活用を不安定なものにしよう。

従来の賃金カーブは、**2－9図**のＡＢカーブのようなものであった。しかしこれでは、

2－9図　生涯労働の見方

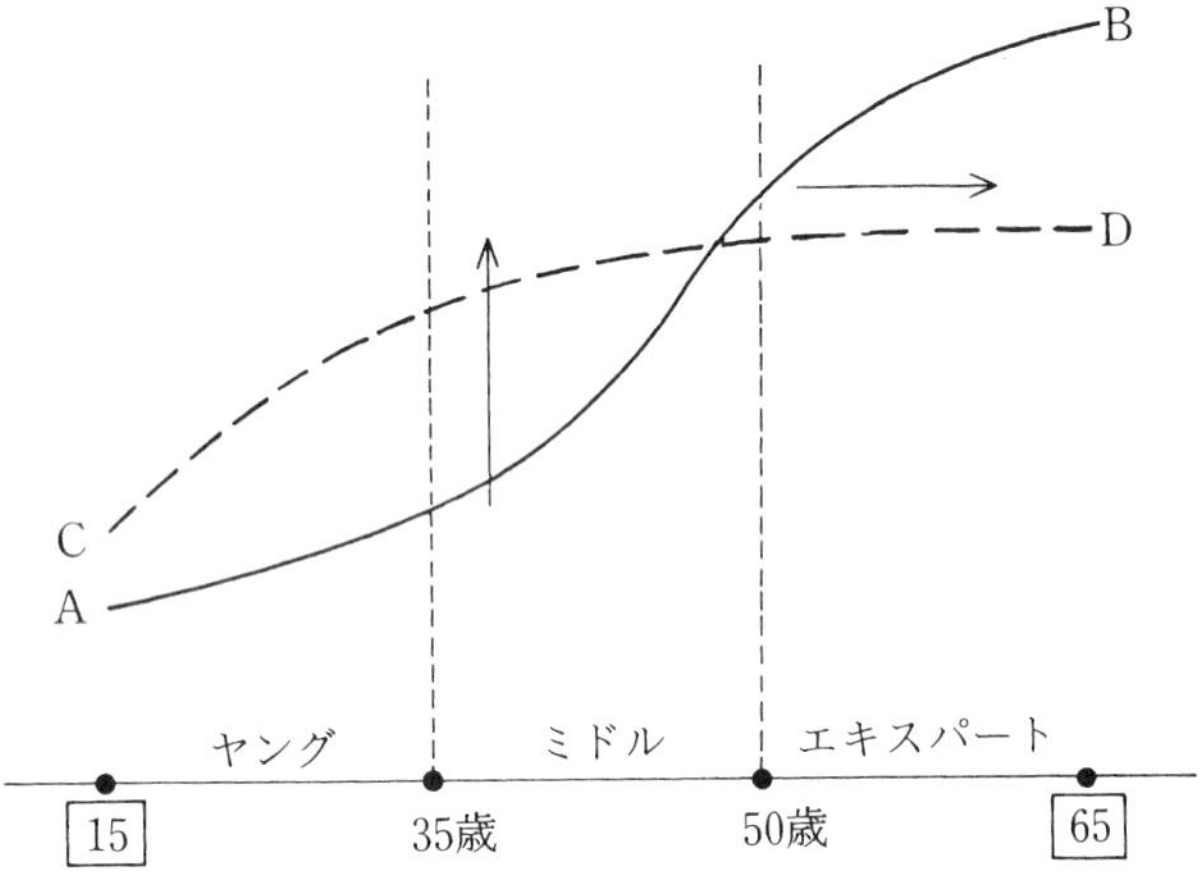

今日の新時代の役割・成果カーブや、世帯形成カーブとは乖離してしまったものとなっている。今後は、賃金カーブを中ふくらみのCDカーブに漸次修正していくことが課題となる。そして、それはあくまで賃金体系の再編・整備と結びつけていくことが大切である。賃金カーブは、賃金制度の結果としてあるべきものだからである。

年齢給をきちんと設定し、三〇歳前後を隆起させ、四八歳前後以降はほとんど横ばいとする、といったように生活昇給を再編していくこと、また職能給についても、昇格昇給と習熟昇給にきちんと区分し、ヤングからミドルにかけては習熟昇給を重視し、エキスパート層では昇格昇給に思い切り比重をかける、といった形で職能昇給を再編していくことが大切である。これらを通じて、中だるみを解消し、エキスパート層の定昇を抑制していけば、高齢化、定年延長にも十分対応できよう。

労使からなる専門委員会で、自社賃金の現状分析を定期的に行って問題点を正しく把握しておき、これを改善する方向で人事・賃金制度の整備を、労使協力して進めていくようにしたい。

第三章　賃金体系の組み立て

1　仕事基準賃金と人間基準賃金――二つの類型

賃金を決めるシステムを賃金体系というが、その賃金体系には基本的に労働対価の二つの種類がある。**3―1図**のごとくである。すなわちまず〝社員として何がどれくらいできる人か〟で決める「職能給」ないし「年功給」はいずれも人間を基準にしている。いわば人間基準賃金である。一方〝いま何をやっているか〟で決める「役割給」などは、いずれも仕事を基準にしている。いわば仕事基準賃金である。

このように賃金体系は大きく分けて、仕事基準賃金と人間基準賃金の二つがあるということになる。仕事基準賃金はいわば仕事に値札がはってある仕組みであるのに対し、人間基準賃金は人の背中に値札をはってある形式のものといえる。したがって仕事基準賃金はその仕事を離れれば賃金も変わることになるが、人間基準賃金は仕事を変わっても賃金は変わらない。賃金はその人にくっついていくからである。

3－1図　賃金体系一覧

理念			賃金名称		定義	基準	導入時期	定昇の有無		日本への適応	
労働力対価	能力主義	賃金↓売値	**年齢給**	生活保障、労働力拡大再生産コスト（生計費）	年齢別生計費（世帯規模）を基準に設定される賃金。労働力拡大再生産のためにも、一定の水準を維持する必要がある。	世帯別生計費	1945年	あり	↗	○	20～30歳代
			勤続給	年功要素	職務経験の年月の価値に応じて支払われる賃金。	人間基準 労働力基準 産出期待価値 （能　力）	1901年		↗	×	－
			職能給	職能資格制度 職務遂行能力	職務遂行能力の伸長に応じて支払われる賃金。習熟昇給と昇格昇給があるが、降給・降格はない。		1975年		↗ →	◎	20～40歳代
労働対価	成果主義	賃金↓買値	**職位給**	Pay for Position	ポストに対する賃金をいう。営業部長55万円、総務部長50万円、のようにあらわされる賃金。	仕事基準 労働基準 産出価値 （時　価） ↓ 職務→職責→役割へと移行するにつれて人間的要素が加味される	－	なし （バックギアあり）		×	－
			職務給	Pay for Job	職務の性質・価値によって決まる賃金。職務が上がらない限り賃金も上昇しない。		－			×	－
			職責給	Pay for Responsibilities	組織上の職責により決定する賃金をいう。仕事の守備範囲、困難度に対して支払われるため、自己裁量度は低い。		－		↗ → ↘	○ 〔定型業務〕	40歳代以降
			役割給	Pay for Accountabilities	職責に加え、期初に設定された目標のチャレンジ度を乗じた役割により決定する賃金。今期の期待成果に対して支払われるため自己裁量度が高い。		1995年			◎	
			業績賞与	Pay for Achievement Pay for Performance	業績＝役割達成度×役割のレベル		－			賞与へ	
			成果昇進	Promotion by Merit	成果＝累積業績		－			職務昇進へ	－

賃金の種類	人件費の 合理性・刺激性	組織の 柔軟性・連帯性
業績賞与	強	低
役割給	↑	↓
職能給		
年功給	弱	高

仕事基準賃金――〝労働〟対価 ｝賃金
人間基準賃金――〝労働力〟対価 ｝賃金

はたしていずれが優れているのだろうか。

2　各種賃金体系の特質

1　賃金体系選択の判断基準

たくさんやれば高い賃金、いい仕事をやれば高い賃金、その逆ならば低い賃金という点で、職責給や役割給は刺激性は高く定昇はなく、人件費の適正さといった点からも優れている。したがって、刺激性とか適正人件費といった点を重視するなら、職責給や役割給など成果主義賃金を選択することが望ましいであろう。

一方、職能給や年功給といった人間基準賃金は、刺激性や人件費適正性といった点は劣るが、連帯性といった点で優れており、特に組織の柔軟性や創造性といった立場からすると職能給や年功給は長所をもつ。

特に社員給としての年功給は職種や職務がどんなに変わっても賃金は変わらないから、異動が自由で組織は柔軟性に富み構造の変革にも柔軟に対応できる。職種給は同一職種であれば職務は変わっても賃金は不変だが、職種が変われば賃金は下がることもある。したがって安定性、柔軟性からすれば職種給よりも年功給がいっそう優れていることになる。結局、いずれの賃金体系を選ぶかは政策の問題であるといえる。

2　能率給よりも成果配分賃金の時代

なお、単価を決め、これに出来高をかけて賃金を算出する形の能率給はすでに今日においては有意性を失いつつある。組織や技術の高度化、複雑化、ホワイトカラー化が進む中で、個人個人の能率の把握が難しくなっていること、および個人の能率よりも〝組織全体の能率〟つまり「生産性」のほうが今日的に高い意義をもつに至っていること、といった事情があるからである。そこで賃金にしても、能率給よりも組織全体の生産性の成果を各人の努力に沿って配分するという「成果配分賃金」のほうが、今日的にははるかに意義をもっといってよい。特に刺激性、人件費適正性の乏しい年功給の場合、成果配分賃金は不可欠のものということができる。

3　欧米の賃金体系

アメリカにおいては職務給ないし役割給の考え方が基本をなす。職務記述、職務分析そして職務評価を通してそれぞれの職務の等級（職務等級制）と賃金（職務給）が決まる。

一方、西欧においては職種給の考え方が基本をなす。職種別熟練度で等級が決まり賃金が決まる。すなわち職種別熟練度別賃金である。そして日本では、社員としての能力で賃金を決める職能給がメインである。

世界にはそれぞれの国の文化に応じて異なった賃金体系が根づいている。異文化の風土の中で、それぞれ培われてきた賃金体系に対して、それをみつめ理解していくことが大切であろう。

4　世界標準（グローバルスタンダード）の創造

前述のようにわが国の人事・賃金は人間基準であるが、戦後の経過をみると一九六〇年頃までは生活主義、ついで一九七五年前後までは年功主義、そしてその後、能力主義に転換をし、今日に至っている。しかしいま、高齢化、国際化、構造変革という新しい時代環境の変化の中で、能力主義だけでは対応できず、少なくとも中高年層については成果主義賃金を導入していかざるを得ない状況にある。六五歳までの人材活用を促進し労働の流動性を高めていくには、定昇のない、上がり下がり自由な欧米的な成果主義賃金の導入が不可欠となる。

一方、アメリカにおいても純粋な職務給を崩し、人間基準を取り入れる方向で人事・賃金の修正が進んでいる。次頁の図のように、日本は欧米寄りに、欧米は日本寄りに人事の修正を進めており、それは漸次、人事の世界標準（グローバルスタンダード）の創造を意味する。日本モデルを捨てるのではなく、その長所は活かしながら欧米モデルの良さを取り入れていく姿勢が望まれる。

〔「世界標準」（グローバルスタンダード）の創造〕

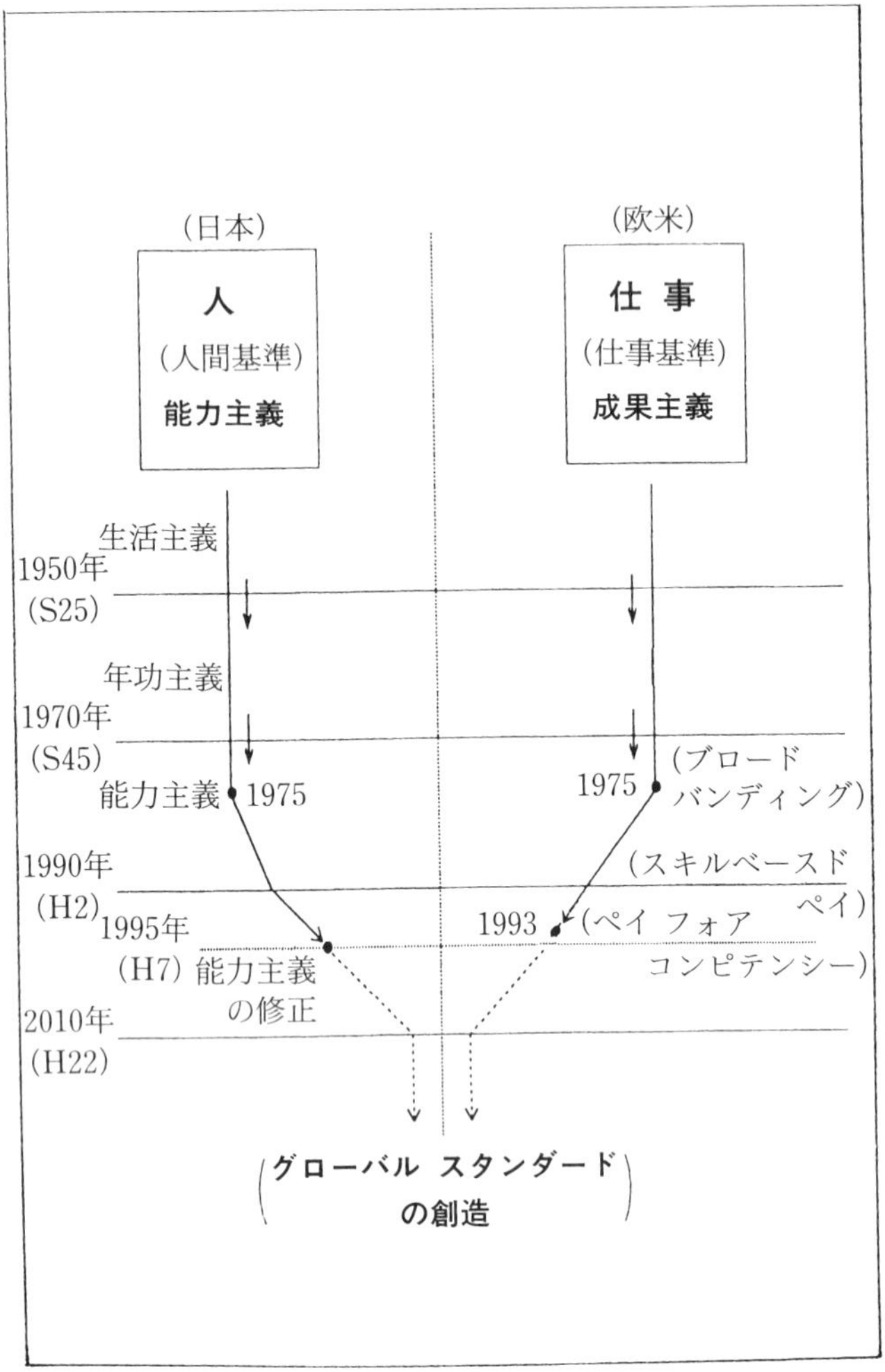

3　年功給から職能給をメインとする体系へ

1　年功給のメリット

以上から明らかなように、年功給はわが国の労働市場形態や雇用慣行に沿ったもので、それなりに数々のメリットをもっている。

①（ソフトな組織）職種や職務を超えて従業員の異動が自由であり、モビリティ（異動性）、フレキシビリティ（柔軟性）が高く構造変革への対応が容易である。

②（クリエイティブな経営）〝人が仕事を創る〟というあり方が基本で、経営は創造性に富む。

③（労使関係の安定）従業員の社員意識が高く、人と経営との連帯感が強く、労使関係は安定的で協調的である。

④（人材の育成と活用）社内でキャリア形成が容易であり、能力開発、人材の機動的活

用が有効となり、企業内部での昇進、昇給が人材の定着と労働意欲の高揚をプロモートする。

いわば年功賃金は、社員の成長の側に視点を置き、企業内労働市場のメリットを存分に活かす賃金体系であるという点で長所をもっている。

2　年功給のデメリット

しかしながら一方、労働市場の変容、価値観の多様化の中で、年功賃金は今日すでに数々の矛盾と問題点を表面化させ行き詰まりをみせつつある。

①年功賃金は、学歴、性別、身分、勤続といった属性主義（努力をしてもひっくり返すことができない要素による処遇システム）であり、それは努力否定の体制である。

②高学歴化、女子化、ＩＴ化、ホワイトカラー化の中で、決定基準の有意性が失われつつある。

③男子中心の標準採用者を対象として、画一的な勤続による年功人事・賃金では、今日の労働市場の変容、雇用形態、就業形態の多様化の中で人材の安定的な処遇や有効活用はできない。

④人材の多様化、価値観の多様化に対し没個性的な年功人事では対応できない。
⑤定年延長の中で、人件費の適正さ、人材の活用、中高年層の雇用確保を阻害する。
⑥クローズドされた企業内労働市場を土台とする年功賃金では、労働市場のオープン化を進めることはできない。

年功賃金の修正にあたっては、年功賃金のメリット、デメリットを正しく認識することがまず前提となろう。

3　日本的雇用慣行の特質を活かすこれからの賃金体系

年功賃金ではもはややっていけない。かといって、日本的労働市場や雇用慣行になじめない欧米風の賃金体系に転換することは適切ではあるまい。木に竹を継ぐようなものであり、年功賃金のもつメリットまで失ってしまうからである。とすると、年功賃金と同類の社員給としての〝職能給〟への転換が適切でもあり賢明な選択だともいえよう。職能給は、学歴とか性別とか身分とか勤続など属性的要素にこだわらず、正当に従業員としての能力を評価し、それで賃金を決定しようとするものである。職能給であれば、年功賃金のデメリットは排し、メリットは存分に活かすことができる。

そしてさらにその職能給に成果主義賃金を付加する形が、これからの賃金体系のメインとならざるを得まい。

「職能給」＋「成果主義賃金」（役割給・業績賞与）

職能給は、人間の成長の側に視点を置く人間基準賃金であり、人材の評価、人材の育成、生涯を通じての人材の活用を意図するものである。決して単なる差別主義、排除主義の賃金ではない。

ただしこれからの雇用形態は多様化する。職能給をメインとするも、それだけではやっていけない。仕事を決めて採用する人たちもこれからは増えていこう。パートタイム労働やアルバイト、臨時、日雇いなどである。これらの労働に対しては、やはり「職務給」が適切であることはいうまでもない。

また、社会的な専門職種が増加し、企業としても職種をオーダーして採用する人材も増加する。このような専門的職種については、西欧風の「職種給」がよく似合うはずである。

通常の社員……職能給
パートタイム労働など……職務給
専門的職種……職種給
管理・専門職能……役割給・年俸制

労働市場の変容や雇用形態の多様化などに即して、人事、賃金など処遇システムを多面的に構築していくことが、これからの労使に求められてくることとなろう。

ただ単に人件費の節約とか、意欲の刺激性のみを追って、人事・賃金制度を再編していくことは決して望ましいことではない。いかに人材を育て、人材を活用することができるかを念頭に置いて、新時代の人事・賃金制度をみつめていくようにしたい。方向を誤ってはならない。

成果主義賃金を入れざるを得ないとしても、それは人件費の節約ではなく、社員のマインドアップ（やる気の高揚）をねらいとするものでなければ継続的な経営の発展と社員の満足を持続させることはできない。

ＭＩＮＤ　＞　ＭＯＮＥＹ

を忘れてはならない。今日、成果主義の導入で失敗している事例の多くは人件費の節約のみに重視をおいているケースにほかならない。

4　賃金体系の組み立て方

1　〝社員成長の二つの側面〟と賃金

(1)　キャリア形成と世帯形成

社員の成長には二つの側面がある。キャリア形成と世帯形成である。キャリア形成というのは、生産労働を通して仕事や能力を高め広げ深め続けていくことであり、世帯形成というのは、結婚をし子供を産み子供を育てていくという生涯生活の側面のものである。働きがい、生きがいを高め、生涯労働生産性を高め、日本的終身雇用を実りあるものにしていくには、このキャリア形成と世帯形成の二つが確実であることが求められる。

特に高齢化、産業構造の変革、技術の高度化といった新しい情勢の中で、ともすると、生涯労働、生涯生活が不安定となるおそれをもつだけに、労使が力を合わせて、ライフサイクルをみつめ、キャリア形成と世帯形成を誰でもが充足できるよう条件を整えていくことが大切である。

(2) 賃金体系の編成

さてそこで、日本的能力主義に沿った賃金体系ということになると、キャリア形成に沿った部分と世帯形成に沿った部分の二つをもって構成されることとなる。

社員の成長─┬─キャリア形成（生涯労働）─職能給
　　　　　　└─世　帯　形　成（生涯生活）─年齢給

すなわち、生涯労働を通してのキャリア形成に対応するものが職能給であり、一方、世帯形成に見合うものが年齢給である。両者をもって、社員成長主義の賃金体系は成立する。賃金にはそもそも、労働対価の原則と生活保障の原則と二つあり、いずれが欠けても賃金としては、その機能を十分に果たすことはできない。特に、賃金は労使関係の接点であり、したがって、賃金体系は労使双方で合意が得られるものであることが要件であるが、それには、二つの原則を確実に満たすことが不可欠となる。

(3) 分離独立して設定

従来の年功賃金のもとにおいては、基本給は一本であったケースが多い。いわば総合決定給である。キャリア形成と世帯形成を込みにして賃金体系は編成されていた。しかしながら、キャリア形成に見合う職能給と世帯形成をカバーする年齢給とでは、性格も役割も、生涯ベースでの姿かたち（シェイプ）も異なる。それなのに両者を癒着させた賃金体系を作ったのでは、明確な個別賃金政策を展開していくことはできまい。

キャリア形成は個人によってそのあり方はさまざまであり、それを受けて職能給は個人によって昇格も昇給も違ったものとなる。一方の年齢給は、世帯形成のミニマムを誰でも一律にカバーするもので、個人差はない。年齢は同一でも、仕事や能力は人によって異なる。とすると当然、職能給と年齢給ははっきり区別し、相互に独立させて基本給を設定することが望ましくもあり、適切でもある。これからは、スカウト人材も多くなり、労働市場の流動性も高まり、中途採用者（そういう呼び方自体が不自然だが）の比重も高まるが、そのような中途採用者の賃金をきちんと決めていくためにも、職能給と年齢給を分離しておき、賃金表を設定、明示しておくことが、どうしても必要となる。

2　昇格昇給と習熟昇給――職能給の仕組み

(1)　昇格昇給と習熟昇給

さて、職能給は職能資格制度をベースとするが、それは3―2図でみるように、職能資

3－2図　職能給のしくみ（サラリースケール）

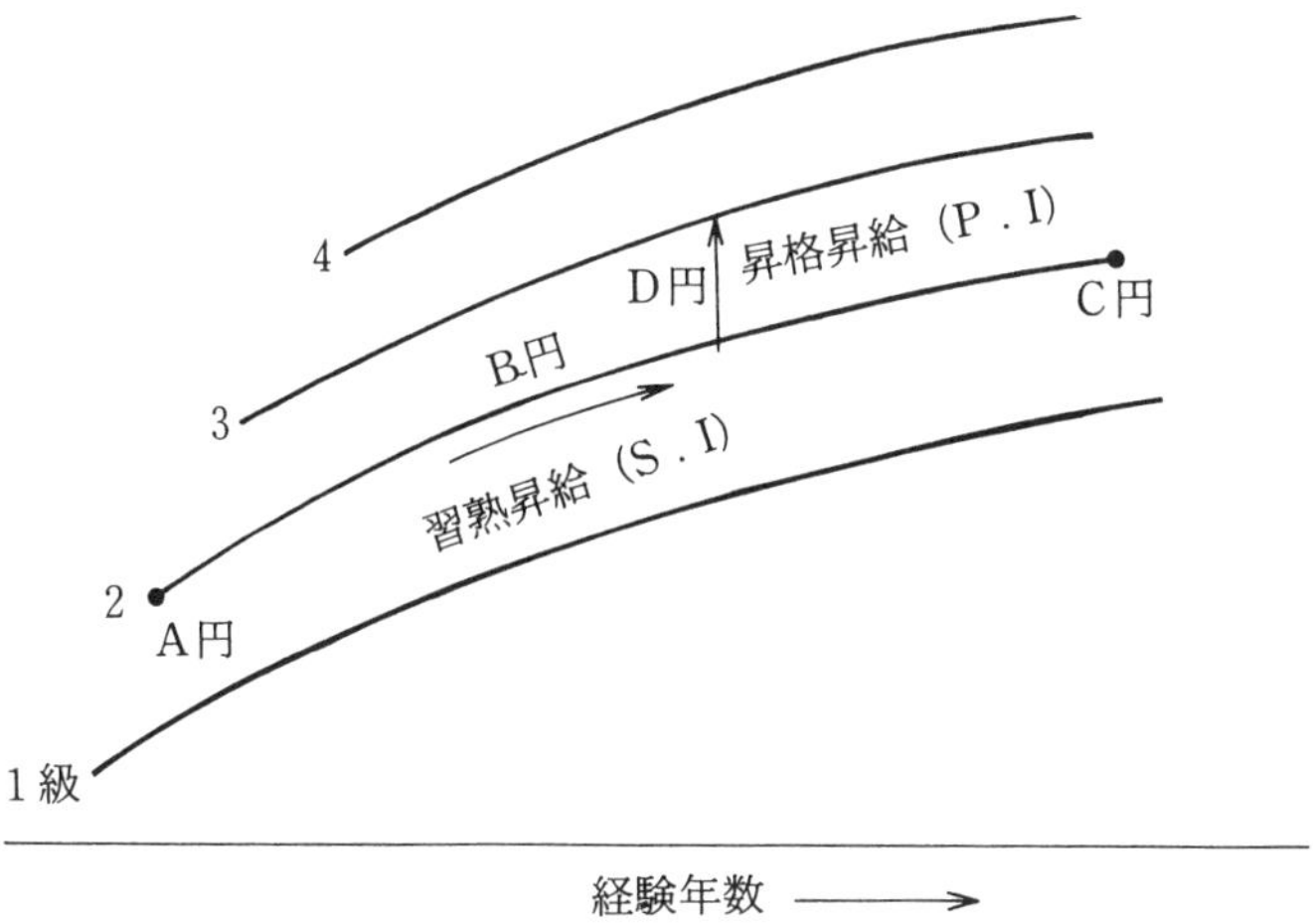

格等級別のスケールという形で設定される。例えば2級は、A円から始まって、毎年B円ずつ昇給し、C円までという形である。そして、能力が高まれば、一つ上の等級に昇格し、その際、一定の額（D円）だけ昇給する。それがいわゆる昇格昇給（Promotion Increase）である。また、同一等級内でも、経験年数が延びれば習熟が広がり深まる。その習熟を受け止めてなにがしか賃金は昇給する。それが習熟昇給（Step Increase）である。

つまり、職能給は昇格昇給と習熟昇給の二つをもって構成される。昇格昇給がないと、職能給は甘い年功給的なものとなり、習熟昇給がないと、職能給は厳しい職務給

3－3図　ライフサイクルミニマムと職能給

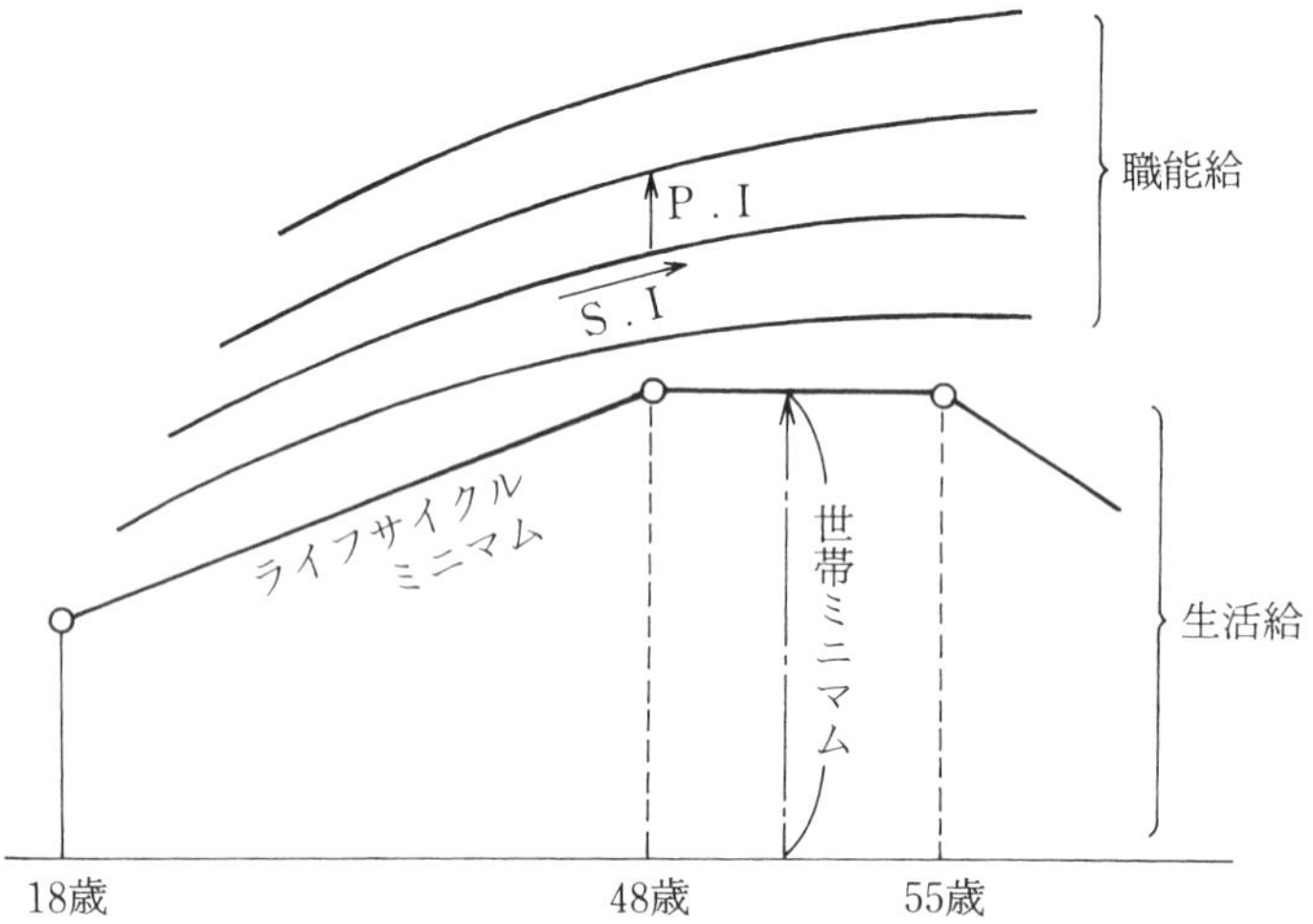

的なものとなる。

(2) 生活給の上に職能給を乗せる

さて人生には、跳び越えねばならない生計費の山が連なっている。いわば、世帯ミニマムつまり世帯最低生計費である。

この年齢別生計費は3－3図でみるように、今日おおむね、四八歳と五五歳の間の七年間がピークとなっている。このライフサイクルのミニマムをカバーする生活給の上に3－3図のように職能給を乗せる。

このことによって、同一職能同一実質賃金を確保できる。生活給は仕事や能力とはまったく無関係に年齢のみで決定、運用がなされ、職能給は年齢とはまったく関係なく、仕事や能力のみで決定、運用される。

同一年齢であっても仕事や能力が異なれば職能給で差がつき、同一職能であっても、年齢が違えば生活給で差がつくことになる。

結局、基本給は、昇格昇給、習熟昇給、そして生活昇給の三つをもって構成されることとなる。三つの昇給項目を明確に区分することがポイントとなる。

- 基本給
  - 職能給
    - 昇格昇給
    - 習熟昇給
  - 生活給
    - 生活昇給

さきにもふれたように、これらをごっちゃにした総合決定給では公正な賃金決定は望むべくもない。

3　家族手当の今日的意義

ところで女子化が進む中で、男も女も単身家計者が増加してくる。単身家計者とは、結婚していても一定年収以下の扶養家族がいない者をいう。例えば、夫婦で共に勤務しており、それぞれ一定の年収以上であれば、いずれも単身家計者ということになる。また、子供がいる場合、夫婦いずれかが世帯者となれば、一方は単身家計者ということになる。

3―3図において、単身家計者までが世帯ミニマムをカバーする必要はない。かといって、生活給を世帯年齢給、単身年齢給と二本立てにすることは望ましいことではない。基本給は文字どおり賃金の基本部分であって、全社員が共通で一本であることが望ましいからである。また、生活給を二つに分けておくと、つい男女差別に陥るおそれがないわけでもない。できるだけ年齢給は一本にしたい。

そこで、生活給の設定にあたっては、世帯ミニマムを少し削って作らざるを得ない。そしてその削った分を家族手当とする。とすると、世帯者は年齢給と家族手当を合わせて世帯ミニマムをカバーすることができ、単身家計者は家族手当を除いた年齢給のみということになる。

年齢給
家族手当 ｝世帯ミニマム（生活給）

以上からして、女子化が進むこれからにあっては、家族手当が重要な意義をもつことになるといえる。他の生活関連手当（例えば住宅手当など）を抑えても、今後は家族手当を重視するようにしたい。一定の家族手当を設定することによって、年齢給の設定が容易となる。

なお、家族手当の額的大きさであるが、次の数字が今日的（二〇〇三～二〇一〇年）目安となる。

配偶者	一九、〇〇〇円	標準的世帯で三七、〇〇〇円前後
一人目	六、〇〇〇円	
二人目	六、〇〇〇円	
三人目	六、〇〇〇円	

家族手当を適切な額とすることは、年齢給の設定を容易にすると同時に、中だるみ（三〇～三五歳層の賃金の改善が相対的に遅れている状態）の解消にも有効となる。

4　その他の項目

(1)　役付手当・管理職手当

以上の賃金体系を機能的に完結させるには、もう一つ、役付手当・管理職手当がいる。班長とか主任とか係長などは部下をもつが、部下をもつと慶弔金など部下との付き合い料がかかる。そこで、部下をもったら、慶弔金代わりとして役付手当をつけることが適切である。今日、慶弔金はほぼ当人の収入の五％が目安だから、基本給の五％がふさわしい。

定額方式でもよいが、毎年の修正が必要ないこと、および各人の収入に比例させせることができる点からして定率方式がむしろ望ましい。

一方、課長以上の管理職の場合、時間外手当が適用除外となる。しかも部下をもつ。そこで部下との付き合い料としての五％と、さらに時間外手当相当分としての一〇％を合わせて、管理職手当として一五％程度を設定することがふさわしい。これも定額ではなく定率方式が望ましい。

部下指導の責任料は基本給の中に含まれているのだから、役付手当・管理職手当はあくまで、慶弔金代わり、残業手当相当分としての性格であることをはっきりしておくようにする。

(2) 勤続給

従来の年功賃金においては、勤続は重要な地位と比重を占めていた。そしてそれは、勤続習熟と勤続貢献と生計費の増大を受け止める機能を果たしてきた。

しかし、前記のような賃金体系では、それらはすべて習熟昇給と年齢給でカバーされる仕組みとなっている。となると、もはや勤続給は不要となる。今後は、できるだけ勤続給は排除していくようにしたい。特に労働市場が流動化し、中途採用が多くなるこれからに

3－4図　能力主義の賃金体系

- 基本給
  - 職能給
    - 昇格昇給　①
    - 習熟昇給　(1.3)
  - 年齢給
  - （習熟昇給・年齢給）定昇
- 家族手当
- 役付手当（5％），管理職手当（15％）

あっては勤続給は邪魔になる。勤続給があると中途採用者はどうしても不利となるからである。年齢給は生活給であって年功給ではないが、勤続給は年功給以外のなにものでもない。

以上からして、これからの賃金体系は**3－4図**のようにまとめることができよう。

(3) その他の諸手当

3－4図がこれからの賃金体系の核をなすが、そのほかに若干の手当もやむを得まい。地域間の住居費や光熱費の違いをカバーする地域手当、実費弁償としての通勤手当、単身赴任の不利益をカバーする単身赴任手当、つらい業務に対する特殊職務手当（つらさ手当）、労働市場調整機能としての特殊職種手当などは、企業や業種によってはやむを得まい。ただし、基本給を極力整備して、諸手当はできるだけ簡潔なものにすることが肝要である。

5　基本給の構成割合の決め方

1　構成割合の二つの側面—ピッチの割合が大切

基本給は労働力対価給としての職能給と、生活保償賃金としての年齢給の二つをもって構成されるが、さて最大の問題は、両者の構成割合をどうするかである。

ところで、構成割合といった場合、そこには二つの側面がある。

構成割合─┬─ピッチの割合
　　　　　└─金額の割合

すなわちピッチの割合と、金額的構成割合の二つである。ピッチの割合というのは、基本給ピッチを両者にどう割り振るかであり、金額的割合というのは、例えば基本給が三二万円だとして、その中を両者にどう割り振るかである。両者は、もちろんまったく無関係ではないが、本質的にその性格は異なる。

感覚論の立場からすると、金額的構成割合のほうが、しばしば論議の対象として重視されるケースがはるかに多い。例えば自社の賃金では、職能給はまだ三〇％にも達していないから弱いとか、すでに六〇％を超えているから十分であるといった論議である。しかし一方、基本給ピッチが職能給ピッチと年齢給ピッチにどう割り振られているかについては、労使でほとんど気にかけないという傾向が強い。

ところが、実は賃金にとって本当に意義があるのは、ピッチの配分割合がどうなっているかであって、金額的割合ではない。金額的割合は、全員共通の初任給部分をどう表現するか（職能給とするか年齢給とするか）によって、いかようにも設定し変化させることが可能だからである。

2　「ピッチの割合」と「金額的構成割合」の意義

ではなぜ、ピッチの割合が理論的に大切で、金額的構成割合は感覚的な問題にしかすぎないのか。もう少しはっきり説明しておこう。この理解が、賃金表設計上の土台となるか

3－5図　ピッチの割合と基本給の性格

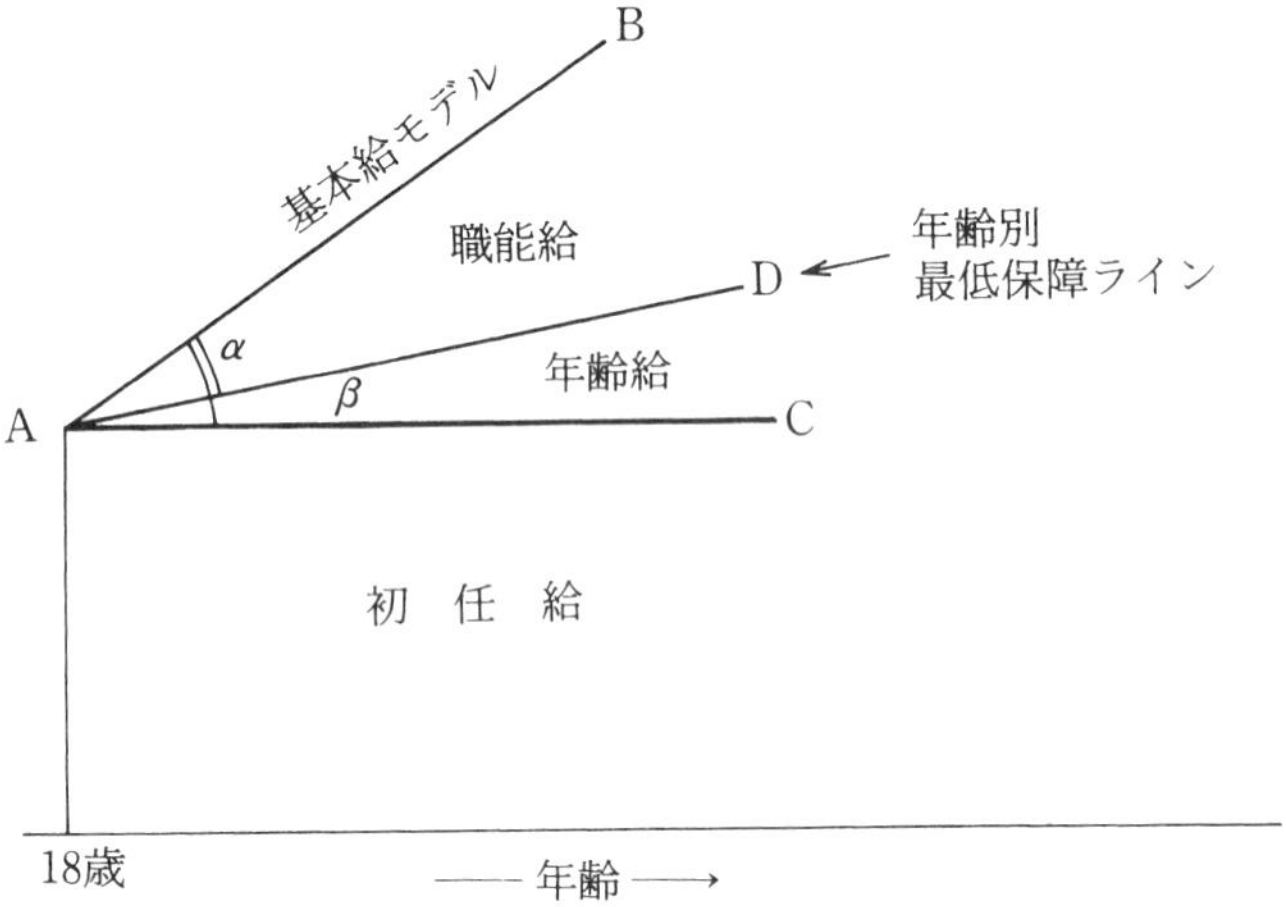

らである。

(1)　ピッチの割合の意義

3－5図で説明することにしよう。

A点が初任給、そしてABラインが基本給モデル（基本給でとったモデル賃金）だとすると∠BACが基本給ピッチだということになる。この場合、ADが年齢給カーブだとすると、∠BADつまり∠αが職能給ピッチ、∠DACつまり∠βが年齢給のピッチとなり、そして、このαとβの割合こそがピッチの割合である。

さてここにおいて、初任給は誰でも受け取る賃金部分であり、また年齢給は、その年齢であれば仕事や能力に関係なく誰でもその年齢給分を数け取ることができる。したがって、図のADライン以下は誰もいない無人の境となり、ADラインがいわば年齢別最低保障ラインを形成する。

一方、BAD部分つまり職能給部分は、同じ年齢であっても、仕事や能力によって賃金に差がつくところのいわば格差展開部分ということになる。

したがって、年齢給のピッチが大きければ大きいほど最低保障ラインは上がり、それだけ賃金の生活保障的色彩は強まるが、反面∠αがそれにつれて小さくなり、賃金の格差展開部分は圧縮されて狭い廊下となって、仕事や能力が違っても賃金はあまり差のない偏平な基本給ということになる。

つまり、基本給ピッチの職能給と年齢給への配分のあり方いかんによって、賃金は生活安定的ともなり、労働刺激的ともなる。すなわち基本給ピッチの配分次第で、基本給の性格が敏感に左右されることになり、ピッチの配分割合をどうするかは、賃金体系編成上の大切な一つの鍵となるということができる。したがって、労使はピッチの割合をどうするかについては、十分論議を尽くして理論的にアプローチしていく必要があることになる。

(2)　金額的構成割合の性格

さて一方、金額的な構成割合はどういう性格をもつのであろうか。いまわが国の平均基

3－6図　金額的な構成割合は初任給の割り振り次第で決まる

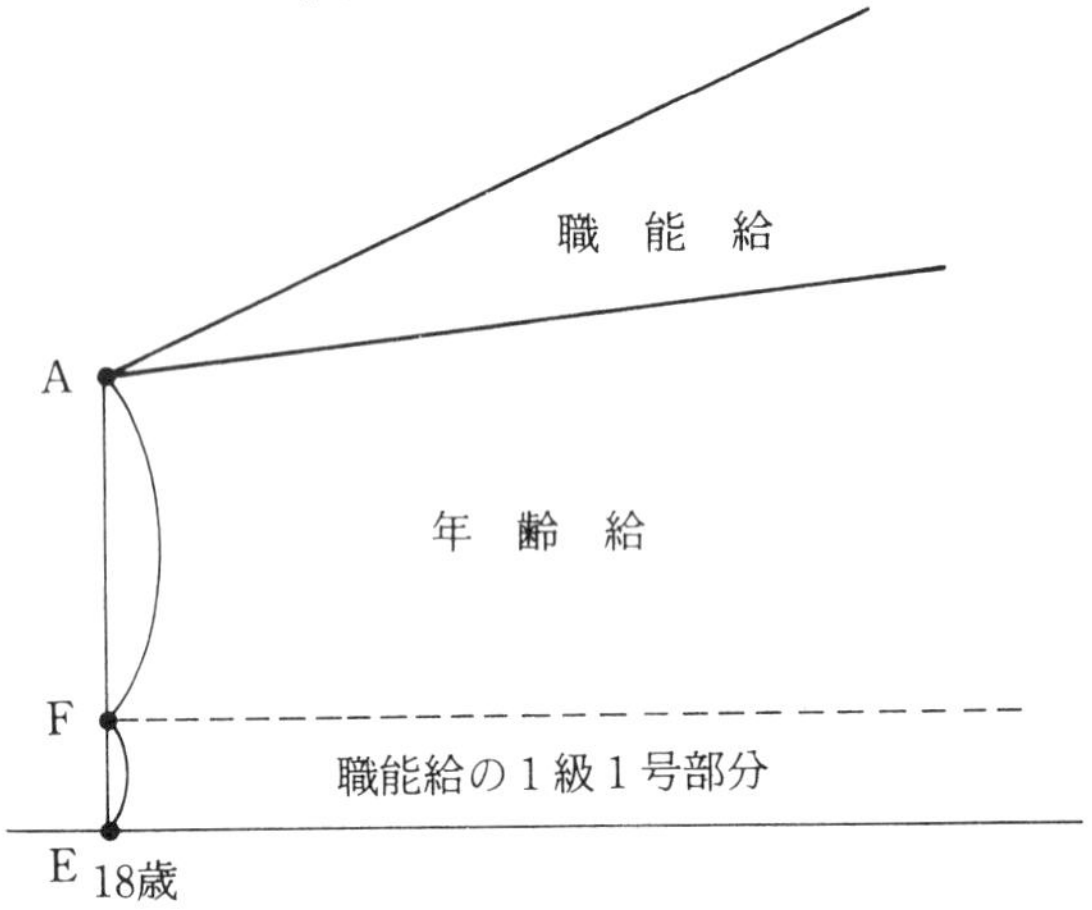

本給は約三三万円、そして初任給（一八歳）はだいたい一六～一七万円前後。ということは、賃金の約半分は初任給、つまり全員共通部分だということになる。

したがって、この初任給を職能給と年齢給にどう割り振って表現するかによって、基本給に占める職能給と年齢給の割合はいかようにも決まり変化する。例えば、初任給を除く賃金部分（3－5図のBAC部分）の職能給と年齢給の構成割合が仮に三対二だとして、初任給（全体の五割を占める）をすべて職能給だと表現すると、金額的構成割合は職能給八、年齢給二の割合となる。逆に、初任給をすべて年齢給だとすると、両者の割合は職能給が三、年齢給が七ということになる。すなわち、初任給の割り振り次第で、金額的構成割合は大きく変化する。

職能給	3：8
年齢給	7：2

（職能給3〜8：年齢給7〜2）

そもそも初任給はどうせ全員が受け取る部分であって、それを職能給と表現しようが年齢給と表現しようが、賃金の性格の本質には何の影響もない。

つまり、**3－6図**において、「一八歳年齢給」と「職能給の1級1号賃金」をもって初任給は構成され、それらは相互補完的で、一方を小さくすれば他方が大きくなり、他方を小さくすれば一方が大きくなるだけの話である。

3　金額的構成割合の決め方

以上からして明らかなように、ピッチの割合は理論的に大切で、金額的割合は理論的には大して意味がないわけである。そこで、構成割合の決定においては、前者は労使の賃金政策に則ってきちんと決めるとしても、後者はむしろアンケート調査などによってとらえるところの、社内の公平感覚で決定すればよい。〝賃金のうち、何割は年齢で決め、何割は仕事や能力で格差をつけることが公平だと思いますか〟といった質問で、全社的にアンケート調査を行い、その結果に従うようにする。

今日、一般的な調査によれば、職能給が四割、年齢給が六割といったケースがいちばん多く、次いで五〇対五〇、そしてそのあとに職能給が過半数（五五％とか六〇％）といったケースが続く。自社でぜひ、アンケート調査をやり、公平感をとらえるようにしたい。感覚的には、職能給の割合は当初は小さくしておき、漸次その構成割合を増加させていくことが適切であろう。賃金は理論のみならず、現場の感覚も運用にあたっては大切だからである。しかしながら、あくまで金額的構成割合は感覚的なものであって、それよりもいっそう大切なのは、基本給ピッチをどう割り振るかであることについて、社内労使の理解を高めておくようにしたい。

ところで、金額的構成割合は、どの年齢点での切り口をみるのかによって大きく異なる。年齢ごとに少しずつ両者の構成割合は変化していくからである。若年層ほど生活給の構成

3－7図　金額的高さの割合の変化

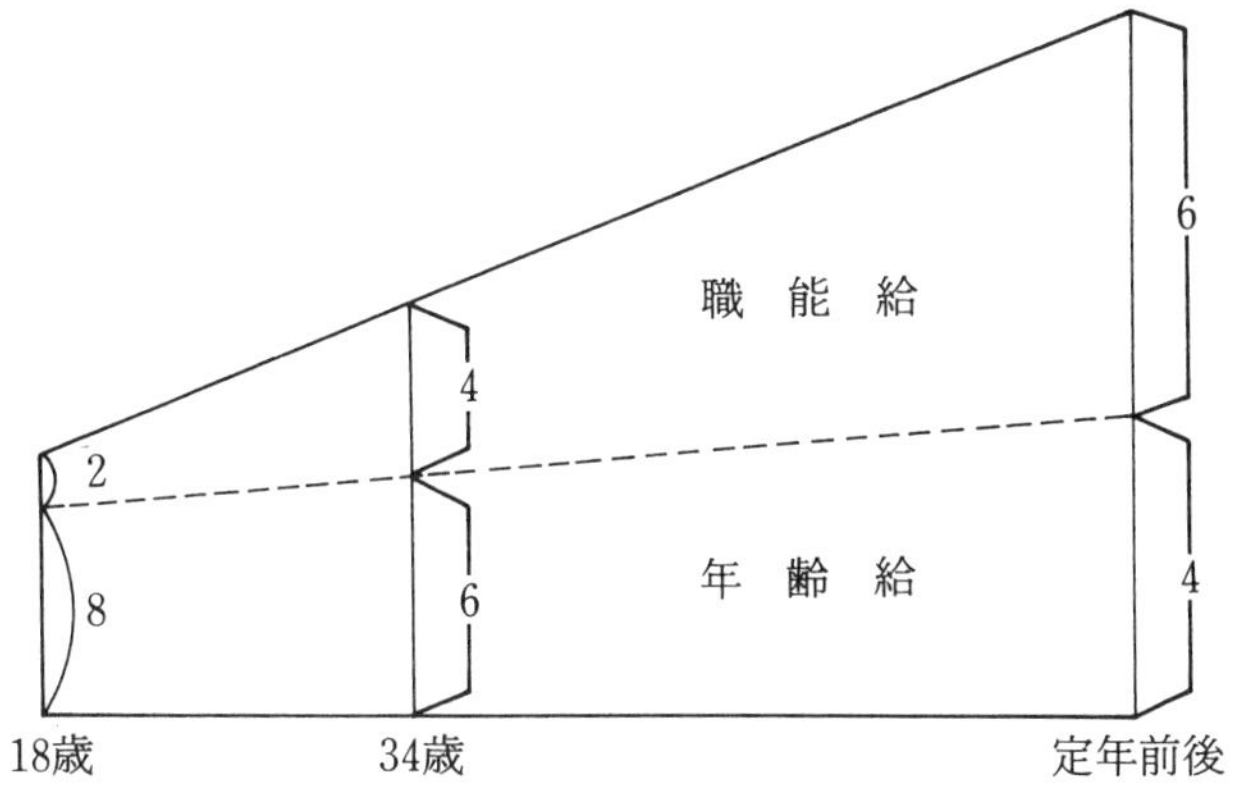

割合は高く、年齢が高まるほど生活給の比重は下がり、職能給の割合が高くなる。3－7図でみるとおりである。

そこで、例えば職能給四、年齢給六の割合で基本給を構成させるとして、それはいったい何歳ポイントでの割合をいうのか、について決めておかねばならない。でないと議論はあいまいとなる。

自社の平均年齢での割合というのもひとつのあり方だが、しかし自社の平均年齢は、労働者構成の変化によって毎年毎年必ず変化する。したがってその年齢ポイントの割合を一定のものにしようとすると、毎年毎年、体系を変更せざるを得ないことになり、それこそ、体系は不安定となる。

そこで金額的構成割合は、今日、一般的には3－7図でみるように三四歳時点での切り口でとらえるならわしとなっている。三四歳は今日の労働者のおおよそ平均年齢に近く、また、体系構成上の中間年齢ポイントとしての位置づけでもある。

金額的構成割合……三四歳時点での割合

すなわち、両者の割合が例えば四対六という場合、それは三四歳時点での割合ということになる。

ところで、**3－7図**でみるように、職能給と年齢給のピッチの割合が適切であるならば、一八歳から三四歳までの一六年間に、年齢給の金額的割合は約二〇％低下する。したがって、もし三四歳ポイントで年齢給の割合を六〇％にしようとすると、一八歳時点では八〇％にすればよいことになる。もし、三四歳時点で五対五にしようとするなら、初任給の六〇％をもって年齢給とすればよいことになる。

しかし、それは職能給と年齢給のピッチの割合が適切である場合においてそうなるのであって、ピッチの割合が年齢給で小さくなるほど、年齢の高まりにつれての年齢給の金額的構成割合の低下はより大きなものとなる。つまり、ピッチの割合は金額的高さの割合の、

3－1表　年齢給の金額的構成割合の政策的早見表（参考）

（基本給ピッチの約3割を年齢給ピッチとした場合）

34歳年齢給			18歳年齢給
65%	→	90%	
[60]	→	[80]	
55	→	70	
[50]	→	[60]	
45	→	50	
[40]	→	[40]	
35	→	30	
30	→	20	

（注）産労総合研究所、野村文夫氏の計算による

年齢の高まりによる変化に対してかかわり合いをもつことになる。

ともあれ、以上から明らかなように基本給の構成割合については、次のステップを踏んで検討され、決定されていくことになる。

イ　ピッチの割合を労使の政策に即して理論的に設定する。

ロ　三四歳時点での金額的構成割合を社内のアンケート調査に基づいて決定する。

ハ　それとの関連で、一八歳時点での初任給に対する年齢給の割合をとらえる。

ニ　初任給とその割合で一八歳の年齢給額をとらえる。

以上が、基本給の構成割合を検討する場合のポイントとなる。しかし現実の場では、個人別賃金の自社に

おける実態がどうなっているかによっても大きく左右される。三五〜四五歳前後に、例えば一九〜二一万円以下の者がたくさんいる場合、つまりこれまで年齢別最低保障といった考え方がまったく存在していなかった場合、いまいきなり生活給を導入しようとしてもとうてい無理である。まず、賃金の中だるみを是正し、女子や中途採用者の賃金を改善し、中高年齢の賃金を一定の高さまでカバーする、といった一連の行動が必要となる。この場合、とりあえず形だけの年齢給を入れておき、これらの努力を進める中で、年齢給のピッチを漸次高めていくといった姿勢が望ましい。改善はあくまで実態を是正する中で、じっくりと進めるようにしたい。

第四章　年齢給の策定

1　年齢給ピッチの決定

1　年齢給の役割

さてここに、仮に一八歳の人と四〇歳の人がいて、二人ともまったく仕事も能力も同じだとしよう。同一価値労働同一賃金の原則からのみすれば、二人は同一賃金でよいはずである。しかし、それでは四〇歳の人は生活ができない。今日、一八歳の賃金ではとうてい標準世帯をまかなうことはできないからである。同一労働でも四〇歳の人が一定の生活を可能にするには、同一労働同一賃金の仕組み、例えば職務給とか職能給の下に、年齢に対し一定の角度つまり昇給ピッチをもった傾斜をおく必要が出てくる。そうすれば、職務給ないし職能給部分は同じでも、傾斜分だけ賃金は年齢によって違ったものとなり、この傾斜を適切に保つことによって、生活保障の原則をカバーすることが可能となる。

実は、このような傾斜の役割を果たすのが、いわば年齢給なのである。この傾斜、つま

4－1図　年齢給のピッチの決め方

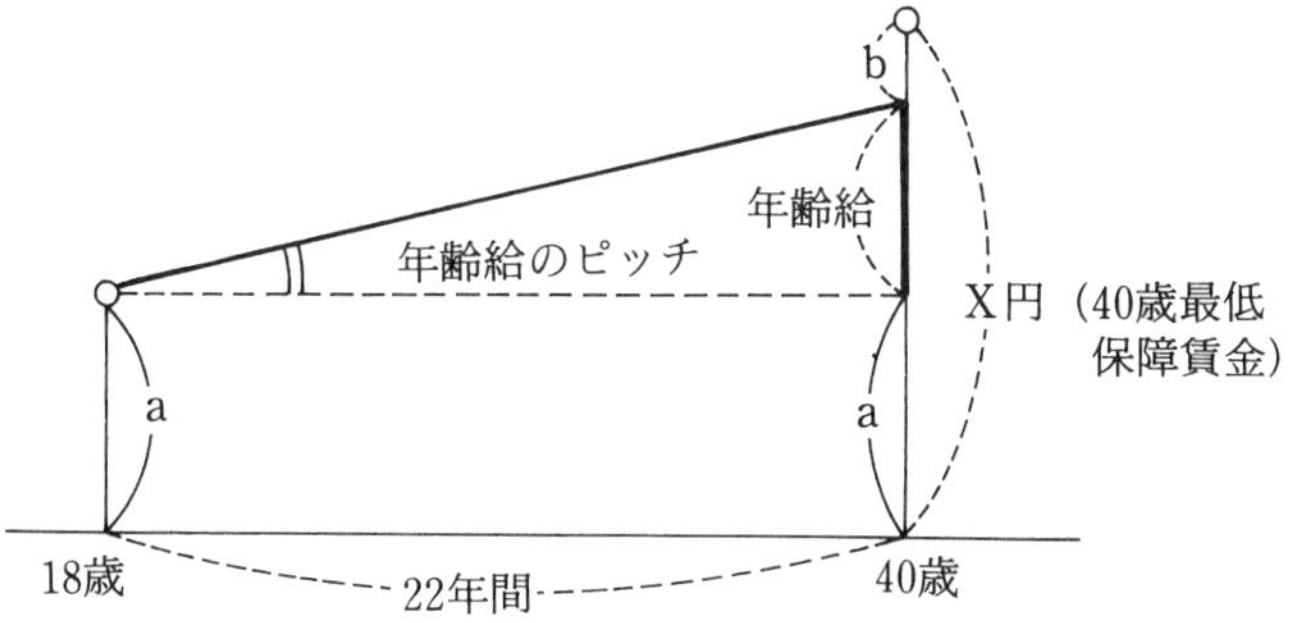

り年齢給の昇給ピッチを大きくすればするほど、さきの例でいうと一八歳と四〇歳とが同じ仕事、同じ能力でありながら、年齢が違うというだけで、二人の賃金は大きな格差をもつことになる。逆に、傾斜が小さくなると賃金の格差も小さくなり、年齢の違いということが賃金にあまり影響しないものとなる。

要するに年齢給は、年齢が違うということをもって賃金に格差を形成し、それをもって一定の生活保障を行おうとするものだといえる。

2　年齢給のピッチを求める算式

年齢給ピッチの決定は基本給の性格を左右するものであるだけに、慎重に筋道立てて行うことが是非とも必要である。ではいったい、年齢給のピッチはどのようにして決めればよいのであろうか。

4－1図をみていただきたい。

いま四〇歳の最低保障賃金をX円としよう。高卒初任給をa円だとすると、X円からa円を引いた（X－a）円を生活給がカバーすることが必要となる。ところが、生活給は年齢給と家族手当の二つをもって構成されるから、いま仮に家族手当など生活関連手当をb円だとすると、年齢給がカバーしなければならないのは、（X－b－a）円ということになる。一八歳から四〇歳に至る二二年間で、この額をカバーするように年齢給カーブを設定すればよいのであるから、結局、年齢給のピッチは、次のような形で求められることになる。

$$\frac{X-b-a}{22}=\text{年齢給のピッチ}\cdots\cdots\text{①式}$$

X円…40歳最低保障賃金

b円…家族手当

a円…高卒初任給

①式が年齢給のピッチを求める理論算式だということになる。

3　X円（四〇歳最低保障賃金）の決め方

これでわかるように、X円つまり四〇歳の最低保障賃金をいくらにするかによって、年齢給のピッチは大きく左右されることになる。そこでX円の決め方だが、これは労使の賃金政策によって決まる値であるが、その際の政策判断基準となるものは三つある。

四〇歳最低保障賃金（X円）の判断基準
- 自社賃金の実態
- 労組の統一要求基準
- 最低生計費（二四五、一〇〇円）

自社賃金の四〇歳前後の一番低い賃金は、現状でいくらぐらいかを無視することはできないし、労働組合の単産や、ナショナルセンターの統一最低要求基準も考慮せざるを得ない。さらに当然のことながら、四〇歳の最低生計費も重要な判断基準となる。

ところで平成一八年度の四〇歳最低生計費は、人事院の標準生計費をもとに、負担費を加え年間のボーナスを考慮してはじくと、次の計算のようにして二四五、一〇〇円となる。

標準生計費……271,690円 ……………………………………………(イ)

負担費修正……340,428円〔イ×1.253〕…………………………(ロ)

最低生計費……272,342円〔ロ×0.8〕……………………………(ハ)

ボーナス修正…245,108円〔ハ×0.90〕

→ ≒245,110円

そこで判断基準としては、自社賃金の最低実態が二四五、一一〇円を上回っていれば最低生計費をとり、下回っていれば自社の実態を優先せざるを得ないこととなる。

いまここでは、自社の四〇歳前後の最低賃金実態が二四五、一一〇円を上回っているとして、X円を二四五、一一〇円とするとしよう。さらに平成一八年度の社会的一般水準を念頭に置いて、a円（高卒初任給）を一五八、四〇〇円、b円（家族手当）を一八、〇〇〇円だとすると、さきの①式により年齢給のピッチは三、一〇〇円となる。（**4－2図**）

$$\frac{245,100(X)-18,000(b)-158,400(a)}{22}=3,123 \fallingdotseq 3,100\text{円}(3\text{捨}4\text{入})$$

家族手当の額が大きければ大きいほど、年齢給のピッチは小さいものになるわけである。

（注）家族手当は、扶養四人であれば合計三七、〇〇〇円となるが配偶者手当を引くと一

4－2図　年齢給ピッチの算定基準（例示）

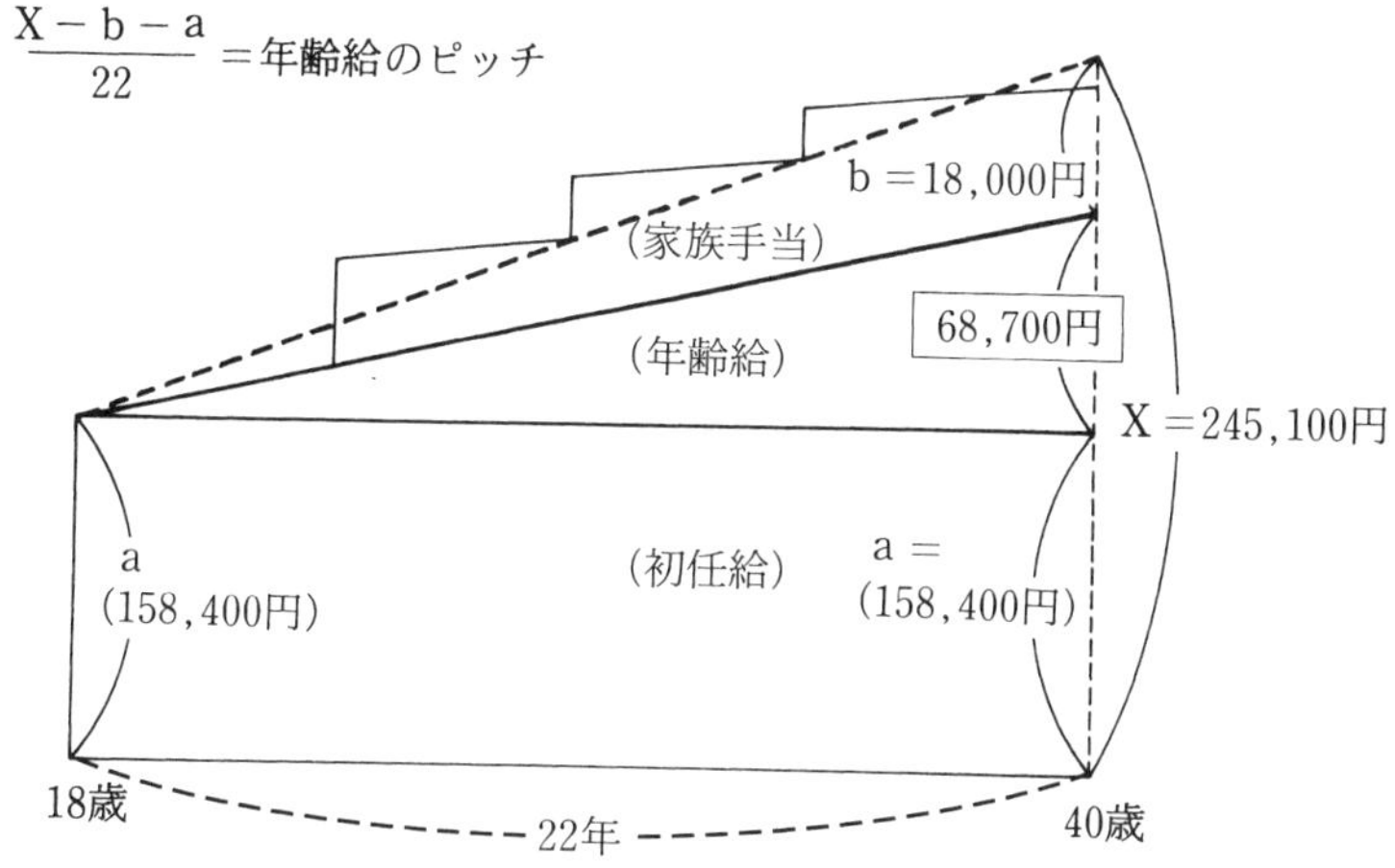

八、〇〇〇円となる。配偶者手当は今後基本給に吸収する方向にあるからである。

4　基本給ピッチのおおむね三割が年齢給ピッチの標準目安
——それを超えないように

すでに述べたように平成一八年度現在の基本給ピッチの標準値は一〇、三〇〇円であった。とすると、上記の年齢給ピッチ三、一〇〇円は基本給ピッチのほぼ三割（**4－3図**）に相当する。

基本給 ─┬─ 年齢給ピッチ　3,100円　③
(10,300円)　└─ 職能給ピッチ　7,200円　⑦　　対

つまり、基本給ピッチの年齢給と職能給への配合割合は、標準的にみて三対七が今

4－3図　基本給ピッチの構成割合

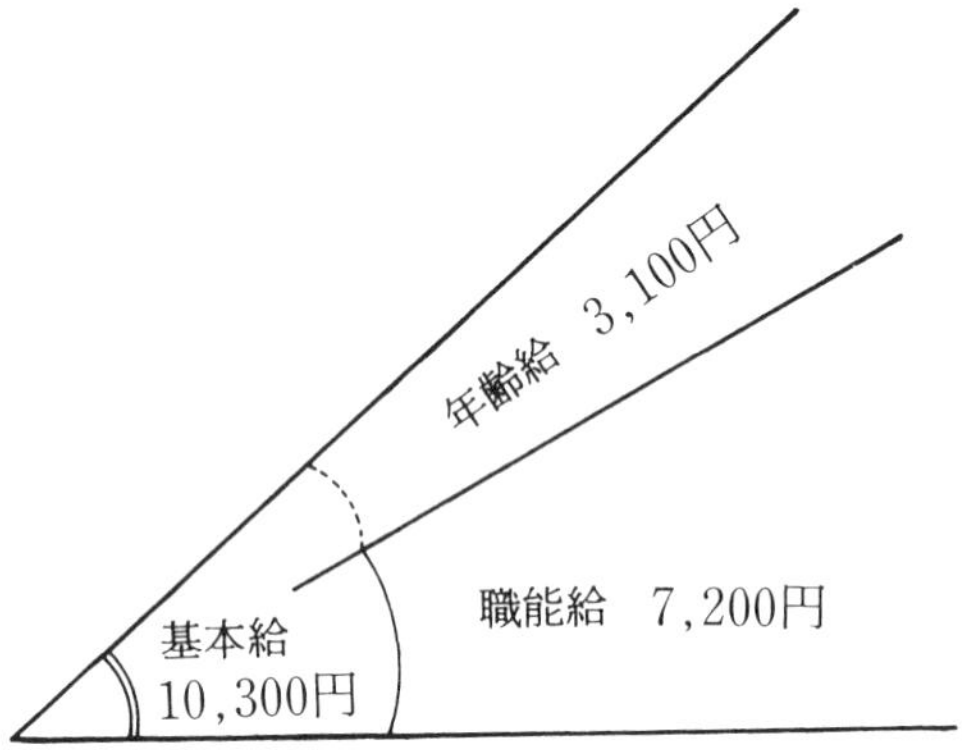

4－1表　職能給と年齢給の構成割合

項　目	ピッチの割合	金額的高さの割合		
職 能 給	7	4	5	6
年 齢 給	3	6	5	4

日的目安となる、といえる。

自社の年齢給のピッチを決めるに際し、基本給ピッチの三割を目安とすると同時に、年齢給のピッチが基本給ピッチの三割を超えないようにすることがポイントとなる。三割を超えると、職能給のピッチが相対的に小さくなり、せっかくの職能給がメリハリのない偏平なものとなり、能力主義賃金への移行がそれだけ鈍いものとなる。

〔留意点〕

以上のように、年齢給のピッチは基本給ピッチのほぼ三割が標準的目安ではあるが、自社賃金の分布図（プロット図）において、中高年層に一九万円ないし二一万円以下の者がいる場合、さきの①式での（二〇万円―b―a）はほとんどゼロかそれに近い小さい額となる。これを二二で割ると、年齢給ピッチはたかだか一、〇〇〇円〜一、三〇〇円程度がとれるかとれないかという額になる。

したがって、この場合は、年齢給を入れること自体をあきらめるか、またはとりあえず一、三〇〇円程度のピッチの、形ばかりの年齢給を入れておいて、今後、賃金是正をはかり、そのうえで、年齢給ピッチを望ましいものに近づけていく、といった段階的対応が適切となろう。

2　ライフサイクルビジョンと年齢給のカーブ

1　年齢給はS字型カーブ

年齢給のピッチを三、一〇〇円（一八〜四〇歳間）で作るとして、直線とするか曲げるのか、が問題となる。生涯生活の生計費カーブは屈折しているのであるから、やはり曲げるのがよい。

まず四〇歳までのカーブだが、**4―4図**でみるように、できるだけ三〇歳ポイント賃金を持ち上げるような形とすることが望ましい。生涯労働におけるキャリア形成カーブ、生涯生活での世帯形成カーブのいずれからしても、今日、三〇〜三五歳前後の賃金はいわゆる中だるみという形で、その水準は十分でないからである。

今後、中だるみを積極的に解消し、人材の確保と意欲の高揚と生活の安定をはかるには、三〇歳に至る手前の八年間をできるだけ急な坂道とすることが望ましい。

4－4図　ピッチの年齢給配分（例示）

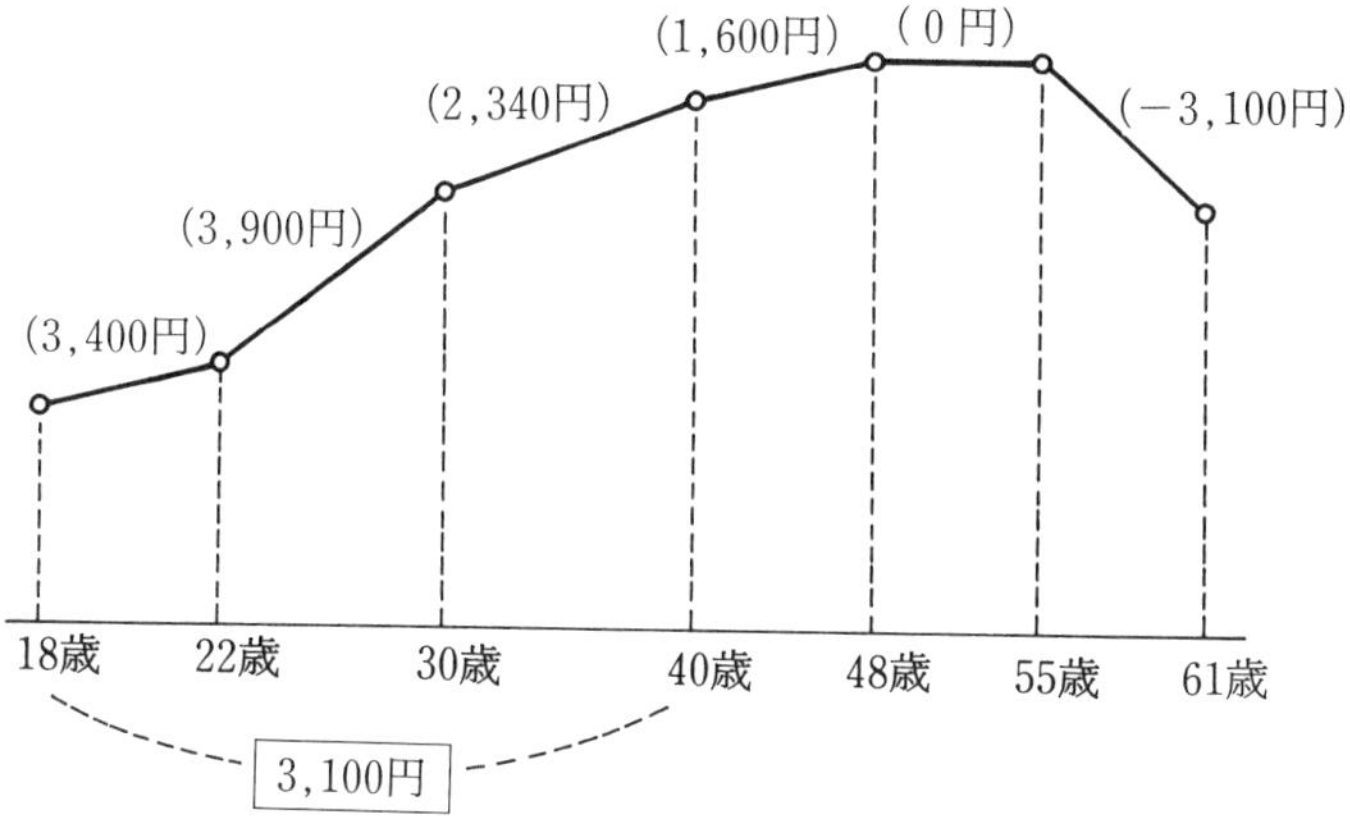

4－4図の場合、三、一〇〇円の最大限一・二五倍の三、九〇〇円としたが、一・二倍ないし一・一倍前後で政策的に設定することももちろんあり得よう。三〇歳賃金に、どの程度アクセントを置こうとするかによって決まることになる。

三〇～四〇歳の一〇年間は、次の式のような残差計算で二、三四〇円となる。

〔(3,100円×22)－(3,400円×4)
　－(3,900円×8)〕÷10年＝2,340円

さて、四〇歳を過ぎてからは、最低生計費の伸びは半減するので、年齢給のピッチも半分に減額してよいことになる（標準生計費はむしろ四〇歳以降、その伸びは高まる）。**4－4図**でみるとおりである。

2　何歳をピークとするか

ライフサイクルにおいて生計費（世帯最低生計費）がピークに到達する年齢で、年齢給の上昇（定昇）も止めてよいことになるが、その生計費ピーク到達年齢は労使のライフサイクルビジョン（世帯形成政策）次第となる。

第一子出生年齢(a)＋子女教育終了年齢(b)＝生計費ピーク到達年齢(c)

いま仮にaを二七歳とし、bを一八歳だとすると四五歳がcとなり、aを三一歳、bを二二歳だとすると、cは五三歳となる。一般的にみて、四五歳から五三歳の間のどこかに生計費ピーク到達年齢があるとみてよい。

二七歳＋一八歳…四五歳
三一歳＋二二歳…五三歳
｝の間で年齢給は上昇を止める

もし標準的にaを二八歳、bを二〇歳とすると、cは四八歳となる。**4－4図**はこの標準ケースをとったものである。

3　何歳から世帯は縮小期に入るか

前記のように四八歳で第一子が親元から離れるとして、続く第二子が三歳遅れ、さらに第三子が三歳遅れでいるとすれば、しかも一年の猶予期間をおくと、七年後には世帯は縮小期に入る。

48歳＋３歳＋３歳＋１歳＝55歳
「７歳」

とすると、五五歳以降はマイナス定昇とすることが考えられる。もしピーク到達年齢を五〇歳だとすると、五〇＋七＝五七となり、五七歳が世帯縮小年齢となり、マイナス定昇は五七歳以降ということになる。

4　マイナス定昇は労使の合意で

標準的には五五歳から世帯は縮小期に入るとしても、ローン返済もあるし、子女の完全独立が遅れることもあるし、ライフサイクルビジョン次第では、六〇歳が世帯縮小開始年

4－2表　年齢給表の算定例　（単位：円）

年齢	年齢給
18 歳	126,700
	（3,400）
22 歳	140,300
	（3,900）
30 歳	171,500
	（2,340）
40 歳	194,900
	（1,600）
48 歳	207,700
	（0）
55 歳	207,700
	（－3,100）
63 歳	182,900

（注）07年の定年年齢は63歳が必要。

齢ともなる。そこで、マイナス定昇は筋ではあるが、労使で合意が得られない場合は無理して入れることは避けたい。

ただし六〇歳を過ぎての継続雇用が一般化した今日、生活給のマイナス定昇は取り入れざるを得ず、避けて通ることは難しい。また多くの企業事例でみるように、五五歳時点で基本給を機械的に二割か三割ダウンさせることに比べると、生活給のマイナス定昇ははるかに合理的であるといえよう。

なお、マイナス定昇を取り入れるとして、そのマイナス額は年齢給ピッチ程度のものであることが望ましい。

5　年齢給の算定例

年齢給のスタートを何歳とするかだが、基本給の中に占める年齢給の金額的割合を、社内の公平感調査で決めることによって、初任給の中に占める年齢給の割合が決まる。いま、職能給を四割、年齢給を六割（三四歳時点）だとすると、高卒初任給の八割が一八歳年齢給となる(**3－1表**の早見表参照)。高卒初任給を一五八、四〇〇円として算定例を示したものが**4－2表**のごとくである。

労使でライフサイクルビジョンをよくみつめ、理の通った年齢給を設定するようにしたい。

【年齢給の算定基準】

① 算定条件

◆高卒初任給（18歳） 158,400 円
大卒初任給（22歳） 198,900 円 ＞ 40,500 円

◆40歳最低保障賃金

40歳最低生計費（全国） 272,342 円

272,342 円× 0.90 ＝ 245,108 円 ≒ 245,100 円（3捨4入）

◆家族手当（標準世帯） 37,000 円

② 算定根拠

(i) 18歳の年齢給

基本給の中に占める本人給の割合を60％とすると、18歳賃金では、おおむね80％となる。

158,400 円 × 0.8 ≒ 126,700 円
(高卒初任給) (80％) (18歳の年齢給)

(ii) 年齢給のピッチ

(a) 平均ピッチの算定

40歳最低保障賃金		245,100 円
－）家族手当	－）	18,000 円
－）18歳初任給	－）	158,400 円
		68,700 円

68,700 円 ÷ 22 ＝ 3,123 円
(18～40歳)

平均ピッチ……………………… 3,100 円（3捨4入）

(b) ピッチの年齢配分

・30歳にアクセントをつける

・40～48歳を 1,600 円ピッチとする

・48歳をピークとする

・55歳以降、1年につき 3,100 円ずつダウンさせる

上記に基づき、次のピッチを決定する。

18歳～22歳	3,400 円(≒3,100円×1.1)	40歳～48歳	1,600 円(≒3,100円÷2)
22歳～30歳	3,900 円(≒3,100円×1.25)	48歳～55歳	0 円
30歳～40歳	2,340 円	55歳～	マイナス3,100 円

【自社の年齢給表の設定】

イ．年齢給ピッチ＿＿＿＿＿ A

ロ．年齢給配分

・18～22歳：A＿＿＿か、1.1A＿＿＿、1.2A＿＿＿、0.7A＿＿＿

・22～30歳：　A ×1.25＿＿＿＿＿
　　　　　　×1.20＿＿＿＿＿
　　　　　　×1.15＿＿＿＿＿
　　　　　　×1.10＿＿＿＿＿
　　　（のいずれか）

・30～40歳：（残差計算）＿＿＿＿＿

・40～＿歳：　$\frac{1}{2}$A　＿＿＿＿＿

ハ．生計費ピーク到達年齢

第1子出生年齢	＿＿＿歳	（28歳）
＋）子女教育年齢	＿＿＿歳	（20歳）
生計費ピーク到達年齢	＿＿＿歳	（48歳）

ニ．マイナス定昇　　＿とる＿
　　　　　　　　　　＿とらない＿

ホ．金額的割合

34歳　職能給＿＿＿％　　　18歳〈3－1表参照〉

　　　年齢給＿＿＿％　⇨　年齢給 [　　　] ％

へ．18歳の年齢給

初任給 × 0.＿＿＿ ＝ [　　　　　] 円

㈲　勤続給の政策

すでにふれたように、勤続給は年功給であり今日的には不要である。そこで自社で取り入れるとしても、それはできるだけ小さいものがよく、今日ではせいぜい一年につき二〇〇～四〇〇〇円程度が適切であると思われる。そしてこの程度であるなら、昇給ピッチを勤続年数区分によって変える必要はなく、直線で設定してもよいと思われる。

3　年齢給の設定・運用上の留意点

1　導入時の留意点

年齢給を入れることにより、賃金体系は一定の生計費傾斜が与えられることになる点で望ましいのであるが、いま仮に、例えば非常に中高年層の賃金が低いような企業において、最初からかなりの傾斜をもった年齢給を導入すると、中高年層の賃金が急に引き上げられねばならないこととなる。

また現在、中高年層で低い賃金をもらっている人は、この年齢給を導入することによって、残りの職能給部分が非常に小さいものとなり、その賃金を引き上げるために、多くの賃金をそのような人に、導入時点において加算しなければならないこととなり、従業員間の賃金格差に混乱を起こす。

このように考えると、年齢給の導入にあたっては、漸次傾斜を引き上げるような形で、中高年層の賃金是正を行っていくあり方が望ましいといえよう。年齢給とは、いわば骨折した場合の副木のようなもので、中小企業においては、しばしば年齢別賃金カーブはかなり曲がったものとなっている。これに年齢給を設定することによって背筋を伸ばすこととなるが、それはかなり痛いものとなる。原資的にがまんできる程度ならばよいが、急激な人件費増をもたらすようなやり方はあまりよろしくない。漸進的に年齢給の導入をはかっていくように心がけるべきであろう。

今後わが国の賃金は、生活給から漸次離脱していかねばならない。以上述べてきたような年齢給は、将来いつまでも残し続けるべきものではない。しかし、その場合には二つの条件がいる。一つは二七歳前後の一人前賃金が〝一人前賃金〟として確立すること、もう一つは中高年層の生計費の増大部分、つまり住宅費、子女の教育費、老後の準備費用などが社会保障、社会資本、社会環境の中でまかなわれるような社会的な所得の再配分機能が整備されることである。

このような二つの条件が満たされたとき、わが国の賃金は生活給体系から離脱することができ、男女同一労働同一賃金など完全な労働対価賃金が実現できるであろう。年齢給がある限りにおいては、男女同一労働同一賃金を十分展開していくことはどうしても阻害されることは否めない。しかし、今日現在では、何はどうであれ、生活給は賃金の中の一つの重要な機能をもつから、十分その機能が果たせるように設定しておく必要があるわけである。

2　分布型がC型、E型の場合は年齢給の導入は無理

年齢給は必要だが、現在の賃金のプロット図による分布型（2－2図参照）がC型、E型の場合は導入はできない。ごく小さいピッチの年齢給をさしあたり導入し、漸次これを立てていくかまたはとりあえず職能給のみをもって構成し、職能給の運用面で最低保障をすることが適切である。

3　年齢給の区分

年齢給を全従業員に同一のものを適用するか否かであるが、いうまでもなく男女別で二つの年齢給として設定することは、労働基準法からいって絶対に許されない。男女のゆえをもって賃金表を分離してはならない。したがって、男女をすべて込みにして同一の年齢給を適用するとすると、四〇歳以上の最低保障賃金そのものも、女子を含めたものとして

とらえ、年齢給の算定基準とすることが必要である。そこで家族手当が不可欠となる。ただしかし、年齢給はあくまでも生活給であるから、例えば世帯主年齢給と単身年齢給を設定することはまったく経過措置として過渡的には許されよう。しかし、その場合においても、男子は世帯主年齢給、女子は単身年齢給という適用はまったく許されない。男女を問わず世帯主は世帯主年齢給を、そして単身は単身年齢給というのであれば、A、B二つの年齢給を設定し、単身年齢給については、例えば二五、六歳からその昇給ピッチを落とし、三二、三歳でその昇給を打ち止めにするというあり方も暫定的には考えられるが、これも望ましいものではない。できるだけ年齢給は共通にしたい。

そして今後、ダブルインカムを前提とした年齢給の検討も望まれる。

4　年齢のとり方

生活給における年齢のとり方は、自然実年齢をとるべきであろう。しかし初任給の段階においては、自然実年齢をとると、例えば浪人をして卒業した人と、そうでない人との初任給が異なることとなる。これは初任給政策上望ましいものではあるまい。とするならば、例えば結婚年齢までは標準学卒年齢を適用し、結婚年齢を過ぎたならば自然実年齢に追いつかせていくという仕組みをとるのが、望ましいといえるであろう。

〈年齢のとり方〉
イ　〜二七歳：みなし年齢（大卒……二二歳とみなす）
ロ　三〇歳〜：自然実年齢
ハ　二七〜三〇歳で追いつき調整

この年齢給は中途採用者であろうと、長期勤続者であろうと、同じ四〇歳であるならば四〇歳の年齢給が適用される。つまり、中途採用者であろうとも年齢に関する限りは、いっさい在職者と格差のない同一ルールが適用されるべきである。中途採用者の賃金決定を合理的にするためにも、年齢給を導入することの意味は大きい。

第五章　職能給表の策定

1　職能給表の策定の手順

職能給表を作るには、まずスケールを作り、シミュレーション（適合度検証）を行ったうえで、賃金表として仕上げるというプロセスを経る。そしてスケールを作るには、スケールの型とピッチを決めねばならない。結局、職能給表の策定は、次の手順を踏むこととなる。

スケールの型を決める
⇩
ピッチを決める
⇩
スケールを計算する
⇩
シミュレーションを行う

⇦　賃金表に置き換える

以下、この手順に沿ってその一つひとつを説明していくこととしよう。

1　サラリースケール（ペイスケール）の型を決める

サラリースケールにはいろいろの型がある。まず型を選定しなければならない。**5―1表**が型の種類である。

5－1表　サラリースケールの型

レートの幅	シングルレート
	レンジレート
等級間の開き	開差型
	接続型
	重複型
等級内の形	凸型
	凹型
	直線型
等級間のピッチ	逓増型
	逓減型
	S字型

5－1図　職能給はレンジレート

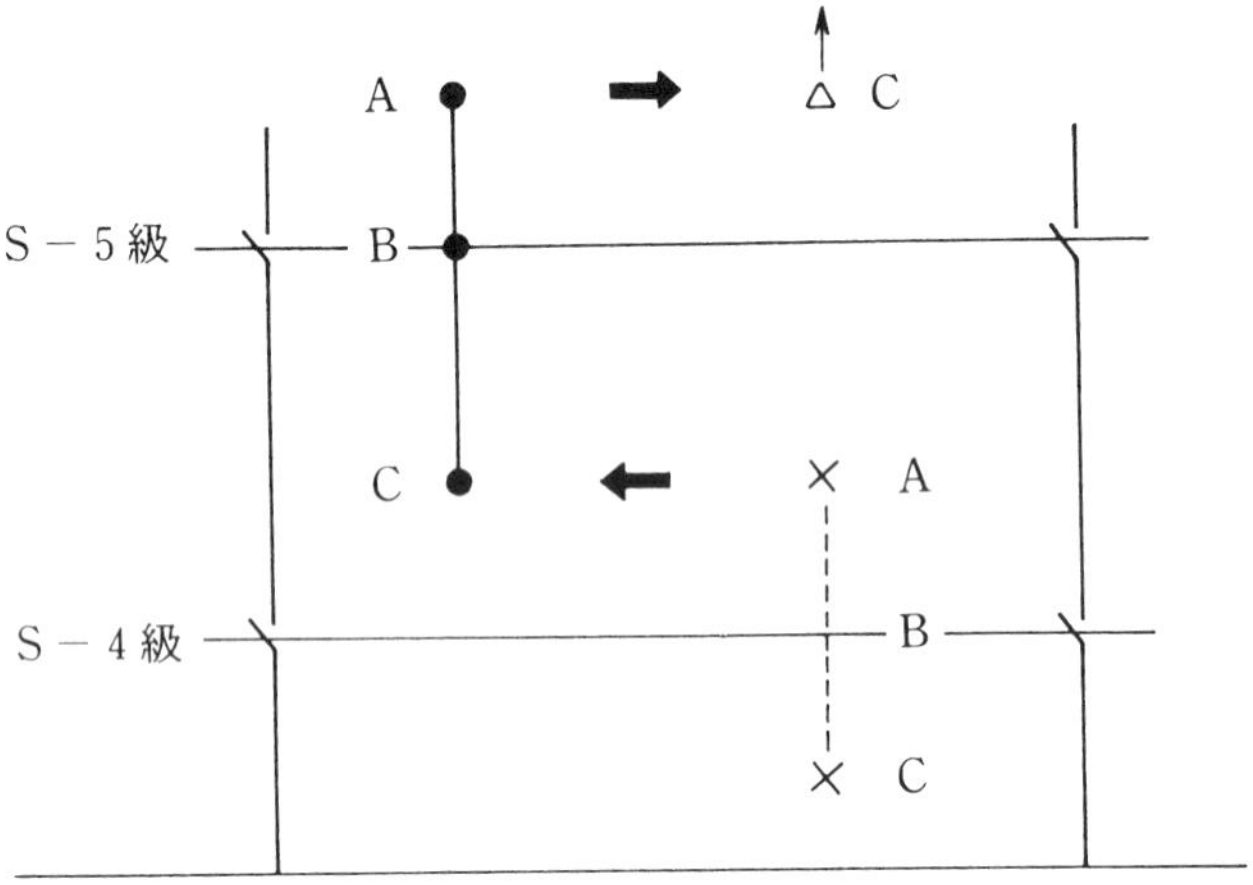

まず、シングルレートかレンジレートかだが、職能給表はレンジレートが理論的には適切である。**5－1図**でみるように、職能資格制度は卒業方式であるから、同じ5級といっても、まだ5級の能力の無い人、おおむね5級の能力を満たしつつある人、十分に5級の能力を満たし終わって昇格を待っている人など、さまざまの能力の幅をもって格付けされている。とすれば当然、レンジレート（範囲給）をとるのが理論的である。シングルレートは職能給には似合わない。

　実務的にもレンジレートが望ましい。シングルレートだと昇格しない限りまったく昇給しないから昇給が不安定となる。

5－2図　等級間の賃率の関係

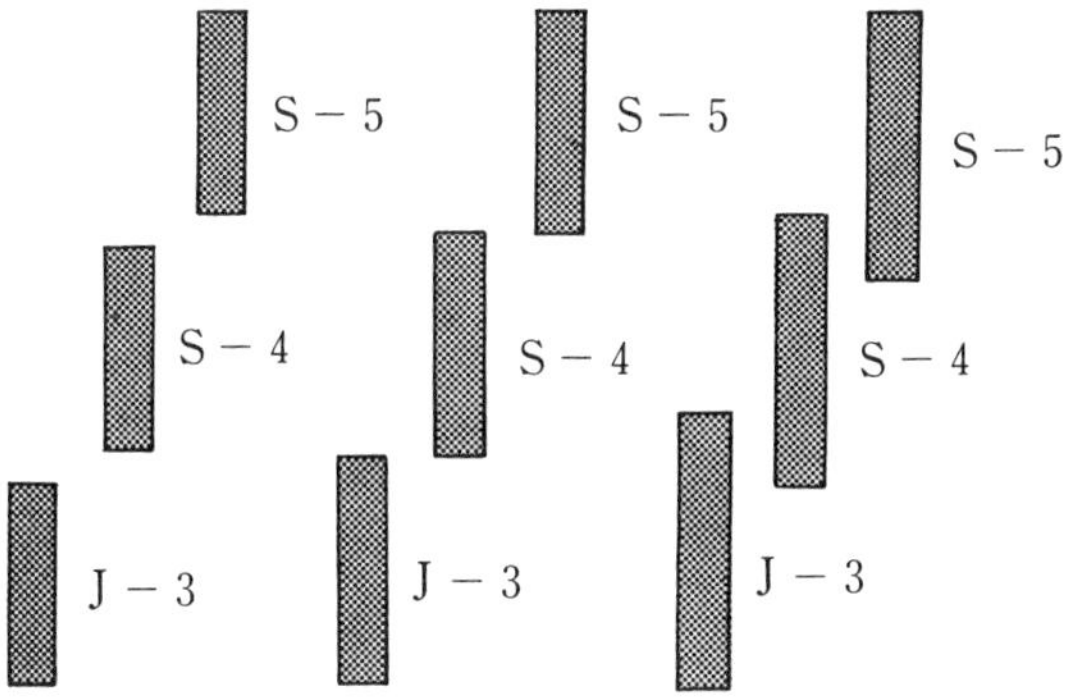

●職能給はレンジレートがふさわしい

次に等級間のレートの関係だが、5－2図のように、開差型、接続型、重複型の三通りがある。職能給の場合5－1図からして明らかなように、接続型が理論的である。

しかし移行時とか運用上の都合からすればむしろ現実的取り組みとしては、重複型が優れている。移行時は各人の現在の賃金を尊重するのが筋だし、移行後の昇給運用もスムーズであることが望ましい。接続型では移行も運用も不安定なものとなりやすい。

重複型をとるとしても、二つ上の等級とダブルことは避けたい。二等級重複ではレートとはいい難い、一つ上の等級の真中以下でのダブリ、つまり重複度は一・五以下が適切である。

●理論的には接続型だが、移行時は重複型が望ましい

次に等級内におけるカーブの形だが、直線型、上に向かって凸型、上に向かって凹型の三つのタイプがある。直線型はいわゆる標準昇給幅が等級内にとどまっている限り、何年でも一定の額が保障されるものであり、凸型は長くいればいるほど、漸次昇給額が逓減していく方式であり、凹型はこれと逆に逓増していく型である。

本来一つの等級にとどまっていれば、能力の伸びは逓減するのであるから、むしろ逓減型であるいわゆる凸型が望ましいといえよう。このような凸型をとれば、移行時の賃金のゆがみを移行時はそのままにしておいて、その後の昇給過程で漸次望ましい賃金格差に修正し、近づけていくことを可能にする。そのような意味においてもできれば、凸型カーブをとりたい。

しかし移行時においては、例えば上限に近い人たちが多くいるような場合、この人たち

５－３図　等級間の昇給ピッチの関係

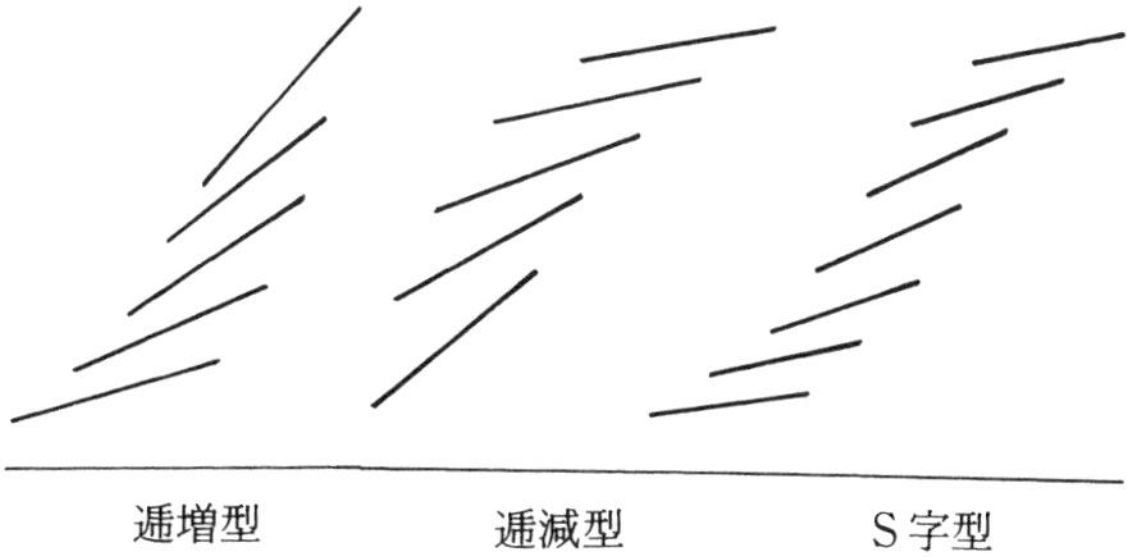

は初めから逓減昇給を受けることとなり、やはりいろいろと納得を得られない場合も多い。そのような意味においては、まずさしあたりは直線型をとり、とにかくまず上限で賃金が止まることを納得してもらったうえで、全体的な範囲賃率の範囲を縮めつつ、漸次折れ線カーブまたは凸型カーブに変化させていくことが望ましいといえるであろう。

●直線型から入り、将来、凸型カーブに近づけていく

最後に等級間の昇給ピッチの関係だが、**５－３図**でみるように、逓増型、逓減型、S字型の三通りがある。理論的には、率的にみて逓減型が望ましい。当面のあり方として、額的にみてS字型をとってみてはどうであろうか。昇格昇給を大きくすれば、上位等級は額的

5－4図　範囲賃率の仕組み

A	～（B）	～ C	～（α B）・n
初号賃金	習熟昇給額	上限賃金	はり出し昇給

α：減額率

n：はり出し昇給の許容回数

にみて逓減型でもよいと思われる。

> ●等級間ピッチは理論的には逓減型が望ましいが、当面はS字型から入る

以上をまとめると、望ましい型は次のようになる。

① 重複型のレンジレート（ただし、重複度は一・五以下）

② 等級内は直線型で移行し、漸次、凸型カーブに修正していく

③ 等級間の昇給ピッチは額的にみてS字型で移行するが、いずれ逓減型に移行する

2　はり出し昇給

さて範囲賃率の仕組みであるが、**5－4図**でみるように、初号賃金と習熟昇給額と上限賃金の三つをもって明示される。つまりA円から始まり、毎年B円ずつ昇給し、C円までという形である。

5－5図　職能等級別のサラリースケール

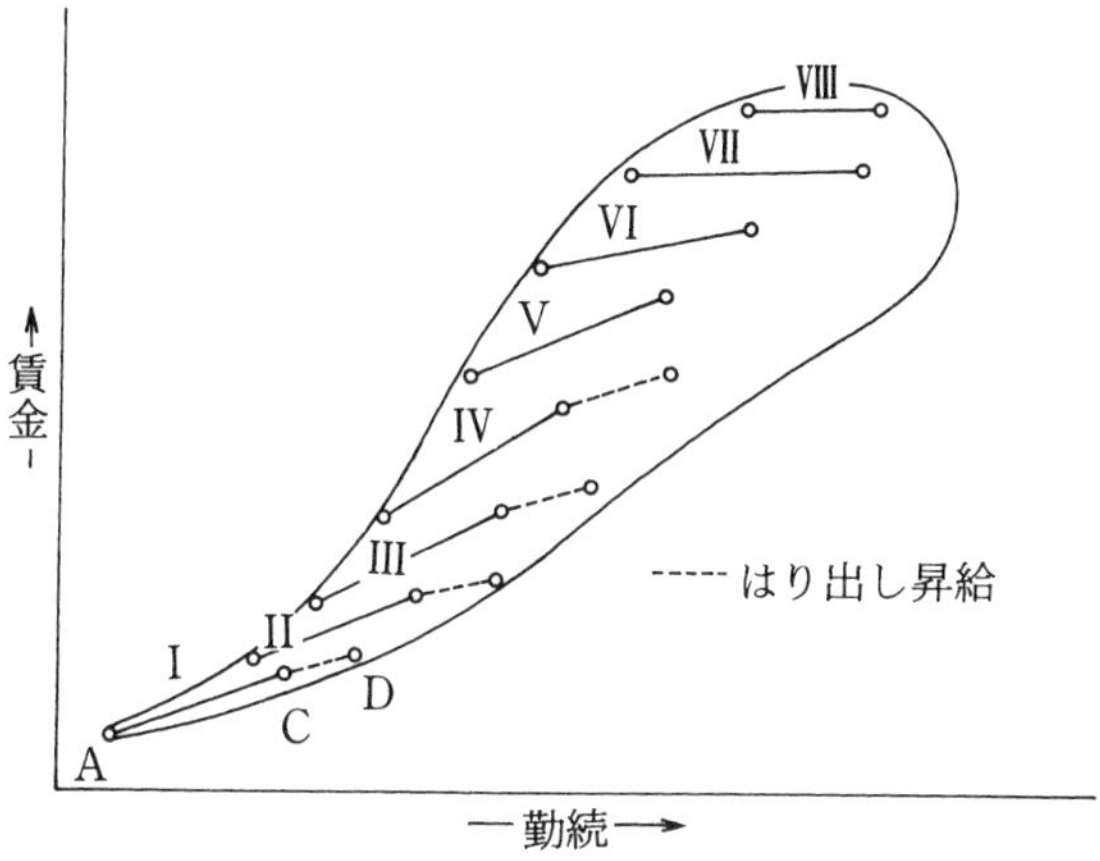

AとCの間は、すでに述べたように、昇給が逓減していくいわゆる凸型と、昇給額が一定である直線型の二通りあるが、いずれをとるかによって、習熟昇給額の設定のあり方が変わる。いまここでは、導入時のあり方として直線型を考えてみることとしよう。

このようなレンジレートを職能等級ごとに設定すれば、いわゆるスケールができ上がることとなる。つまり職能給表の作成は、資格等級ごとに範囲賃率を設定したサラリースケールを算定することによって行われる。

ところで、上限に達した場合、同一等級にとどまる限りは昇給が行われず、該当者はベアのみとなるのが本来であるが、場合によっては上限を超えて、なおかつ昇給を行わねばならない場合がある。このような、上限を超えての昇給を「はり出し昇給」と呼ぶ。はり出し昇給は一種の、いわば救済措置であり、年齢別最低保障賃金をカバーするために必要となる場合もあるし、新しい賃金体系を導入した際、上限近くの者、または上限を超える者の昇給をいきなり止めることに問題が多い場合などに設定される形となる。

このような「はり出し昇給」においては、当然、昇給額は等級内の習熟昇給額よりも減額されることとなり、またはり出し昇給を認める回数も無限ではなく、有限であるのが一般である。**5－4図**の範囲賃率の仕組みについていうならば、αが減額率であり、nがはり出し昇給の許容回数を示す。αとnをいくつにするかは、まったく労使の政策によって決定されるべき問題である。

いま、仮にαを二分の一とし、nを五とするならば、上限を超えてからの昇給は上限内昇給の半額となり、かつその昇給が五回（五年）限り認められることを意味する。なおnを無限とした場合、一般に「青天井賃率」とも呼ばれる。つまり昇給制限がまったく行われないことになるからである。

５－６図　職能給の条件

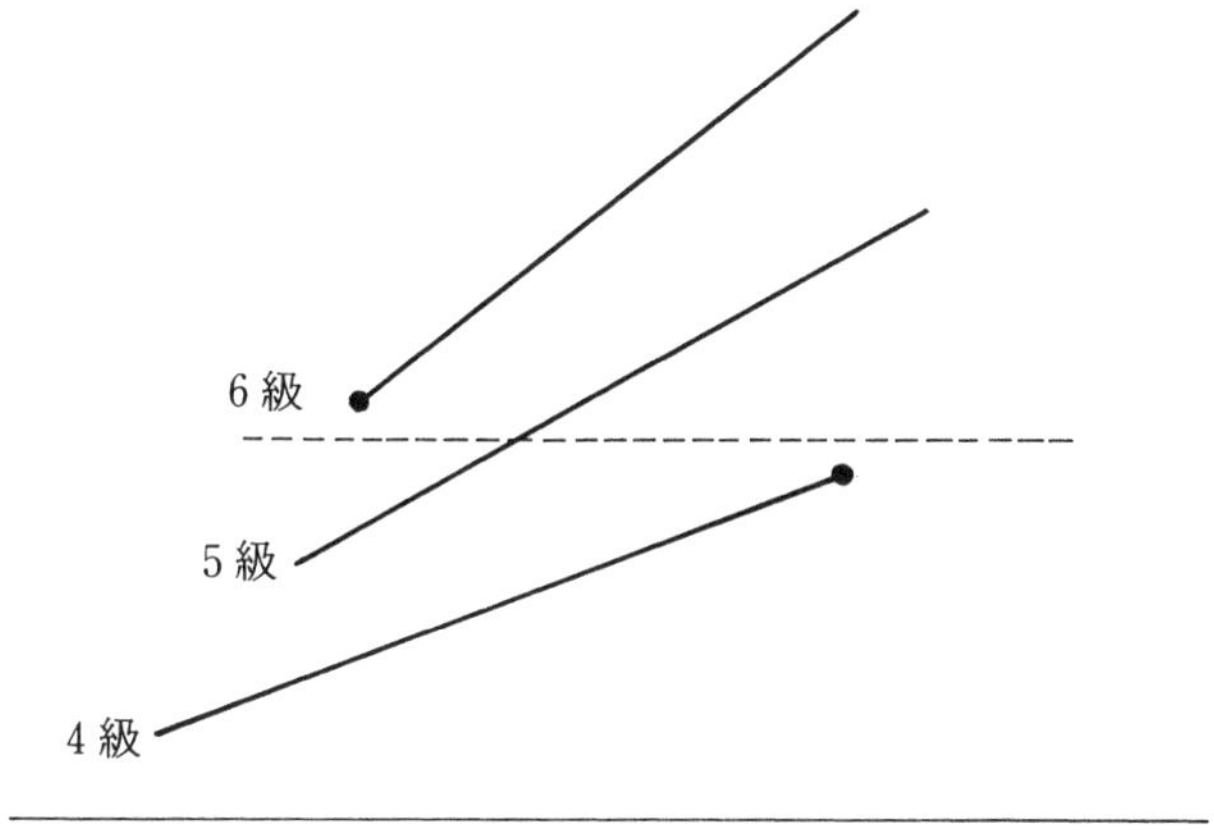

2　ピッチの決定

すでにふれたように、能力主義の賃金体系は次のような仕組みからなる。

- 基本給
  - 職能給
    - 「昇格昇給」
    - 「習熟昇給」
  - 年齢給

つまり職能給は、「昇格昇給」と「習熟昇給」の二つの設定をもって表示されるが、「習熟昇給」は、次のような等級別のスケールという形の中に位置づけられる。

A円	〜	（B円）	〜	C円
（初号賃金）		（習熟昇給）		（上限賃金）

5－2表　基本給ピッチとその配分割合

基本給ピッチ	昇格昇給：習熟昇給
8,000円未満	1　：　1.5
8,000円～11,000円未満	1　：　1.3
11,000円～14,000円未満	1　：　1.1
14,000円以上	1　：　0.8

すなわち職能給は、基本的には昇格昇給、初号賃金、習熟昇給、そして上限賃金の四つをもって構成されることになる。それぞれをどのように設定し位置づけていけばよいのであろうか。

【昇格昇給と習熟昇給の割合を適切に】

(1)　両者の割合が職能給の性格を左右する

職能給の設定において、まず第一のポイントは、職能給のピッチを昇格昇給と習熟昇給の両者に適切に割り振ることである。昇格昇給は昇格時の昇給であり、したがって定昇ではないし、また等級間に賃金格差を作る機能をもつ。

一方、習熟昇給は同一等級内での昇給であり、上限に達するまでは定昇としての性格をもつ。したがって、昇格昇給を過大にすると、職能給は格差型の厳しいものとなり、定昇もいたって小さいものとなる。賃金的には、むしろ職務給に近

5－7図　基本給ピッチの配分

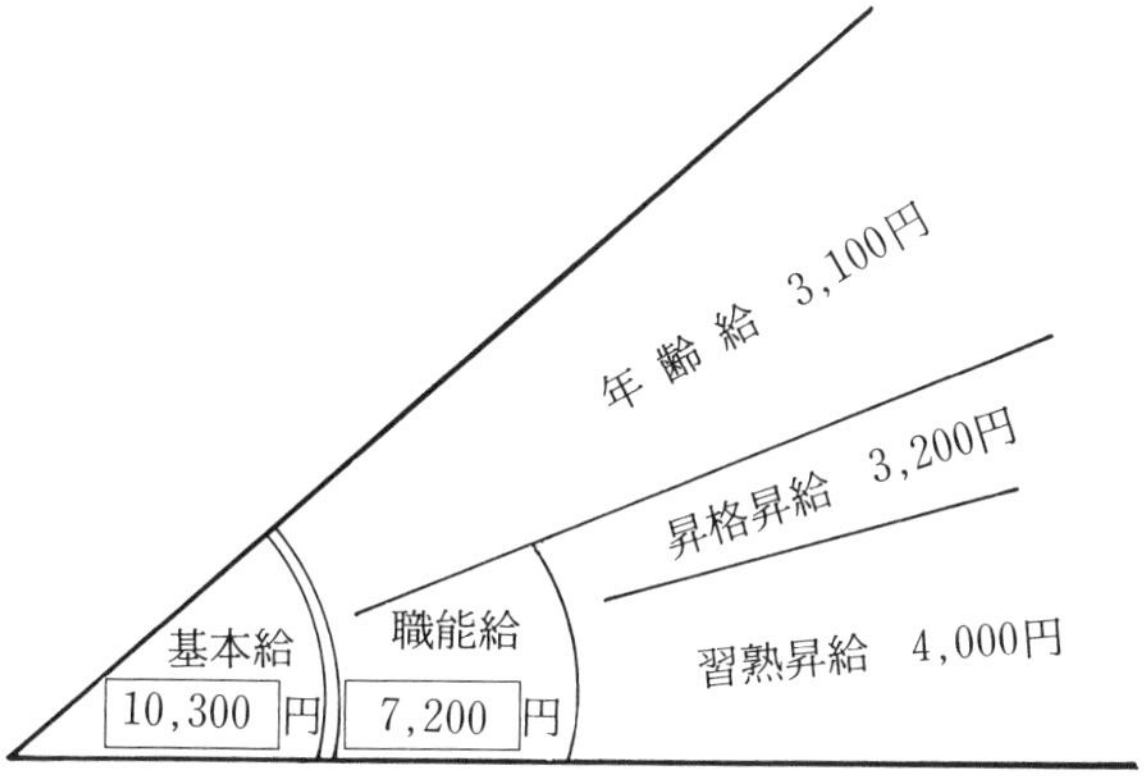

い性格のものとなってしまう。半面、習熟昇給を過大にすると、職能給は偏平な刺激性の乏しいものとなり、定昇はいたって大きいものとなる。そして賃金は何等級も重複し、もはや、年功賃金とほとんど変わりないものとなる。

そこで職能給のあり方だが、それは**5－6図**でみるように、一つ上の等級とはオーバーラップするが、二つ上の等級とは重複しないという形が望ましい。

(2)　昇格昇給と習熟昇給は一対一・三で

5－6図のような職能給であれば、安定性と刺激性の調和がとれたものとなり、定昇もちょうどふさわしい大きさのものとなる。ところで、**5－6図**のような職能給を作るとすると、昇格昇給と習熟昇給の両者の割合は、おおむね一対一・三ということになる。

ただし、基本給ピッチが大きい企業の場合、厳しい職能給にすることが必要だし、上記の割合だと定昇（習熟昇給）が過大となるおそれもある。したがって、基本給ピッチが大きくなるほど、習熟昇給の割合を小さくすることが適切ということになる。すなわち、**5－2表**のごとくである。

例えば、基本給ピッチが一〇、三〇〇円、職能給のピッチ（一年当たりの昇給額）が七、二〇〇円だとすると（**5－7図**）、一年当たりの昇格昇給がその「二・三分の一」の三、二〇〇円、同じく習熟昇給が「二・三分の一・三」の四、〇〇〇円ということになる。（**5－2表**参照）

職能給 ─┬─ 昇格昇給　三、二〇〇円
七、二〇〇円 └─ 習熟昇給　四、〇〇〇円

ただしこれは一年当たりのピッチだから例えばJ－3級のモデル年数（理論的な昇格年数）が三年だとすると、J－3級からS－4級に昇格すると、その昇格昇給は九、六〇〇円（3,200円×3）ということになる。

3　職能給設定上の留意点

1　モデル年数に合わせて賃金表の設定を

　賃金表は、モデル年数に合わせて作ることになる。**5－8図**をみていただきたい。いま例えばS－4級のモデル年数が三年だとしよう。すると、モデル昇格者はS－4級の3号で昇格するが、そのとき、昇格昇給を加算した額が、ちょうどS－5級（上位等級）の初号に相当し、S－5級の1号に乗ることになる。つまり、モデル年数に合わせて、各等級の初号賃金は設定される形がとられる。したがって、モデル（標準）昇格者は初号を通過していくこととなる（モデル初号通過方式）。

　しかし大部分の者は、モデル年数より遅く昇格する。その場合はもはや初号は通過しない。**5－8図**において、例えばS－4級に五年いて昇格する場合、5号賃金に昇格昇給を加算した額はS－5級の初号賃金より当然高く、したがって直近上位の3号に乗ることと

5－8図　昇格時の賃金

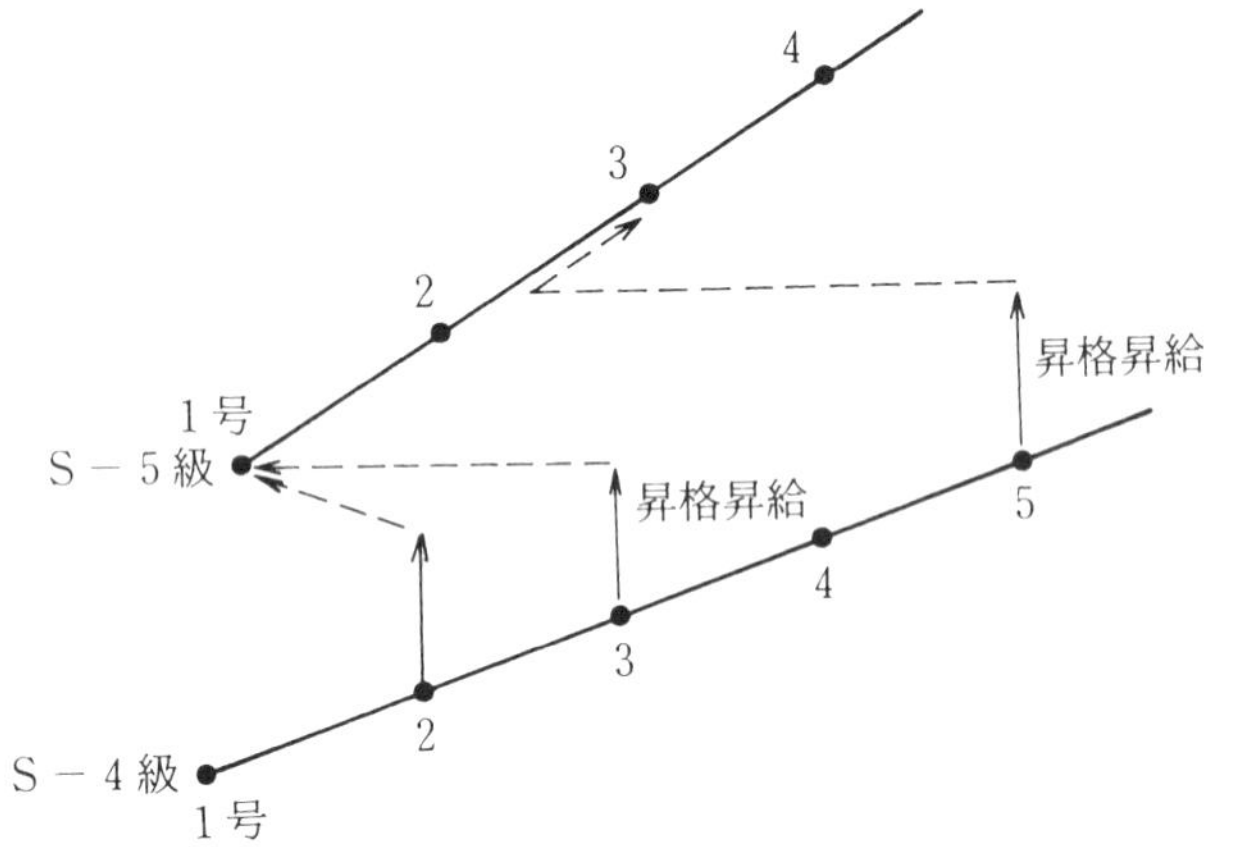

なる（直近上位方式）。

　そうすると、二年前に昇格した者もこの時点で5級の3号、二年遅れて昇格する者も同じく5級の3号に位置づけられ、差はなくなる。昇格時に査定がキャンセルされる仕組みである。二年前に昇格した者は、賃金は追いつかれても、それまでの二年間高い賃金をもらってきたという実績は消えないから問題はない。

　なお、モデル年数より早く昇格する者（抜てき者）は、昇格昇給を加算しても上位等級の初号賃金に達しないが、このときは初号賃金に跳びつく方法がとられる（跳びつき方式）。

　職能給のスタート賃金（1級初号賃金）

は、高卒初任給から一八歳年齢給を引いた額があてられ、これに習熟昇給と昇格昇給を、モデル年数に合わせて積み上げる形で職能給表は設定される。

つまり、「基本給ピッチ」と「スタート賃金」と「モデル年数」の三つが職能給設定のファクターとなることになる。

この三つを正しく把握することがポイントとなる。

2　初号賃金と上限賃金の幅を適切に

(1)　モデル年数の二倍で

すでに述べたように職能給は職能等級別に、「初号賃金〜習熟昇給額〜上限賃金」という範囲賃金の形で設定されるが、このとき、初号賃金と上限賃金の幅、つまりレンジをどうするかが、労使にとって大切な関心事となる。狭すぎては頭打ちの者が続出して問題であり、広すぎてはいくつもの等級間での重複賃金となり、年功賃金と同じになってしまう。

そこで適切に〝レンジをはる〟ことが大切だが、５―６図のような形に職能給を設定しようとすると、レンジはおのずから決まってしまう。つまり、〝モデル年数の二倍でレンジをはる〟ことが最適となる。モデル年数の二倍滞留していると、頭を打つように上限を設定するというあり方である。

初号賃金＋「習熟昇給額×モデル年数×2」＝上限賃金

このようにすれば上位等級とは重複しても、二つ上の等級賃金とは重ならない。

(2) 〝はり出し昇給〟も必要

上限賃金に達したあとは、昇格しない限りもちろん昇給はない。昇格すれば昇格昇給を足して上位等級に移り、再び昇給が動き始める。それが職能給である。

しかしながら、従来、年功給でやってきたものをいきなり上限に達したからといって、直ちに昇給を止めてしまうというあり方は、やはり問題である。そこで、職能給へ移行したあとしばらくの間は、できれば一〇年間くらいは、上限を超えての昇給、つまりはり出し昇給制を入れておくことが望ましい。

［A円～（B円）～C円］～（αB）・n

すでに5－4図で述べたように、はり出し昇給というのは、上限を超えての昇給で、（αB）・nがそれにあたる。ここでαは減額率であり、nは許容回数である。

つまり、上限を超えての昇給額はなにがしか（α）が減額される。減額率をどうするかは労使の政策で決まる。ただし、α＜1となる。αを二分の一とすれば、上限を超えての

5－3表　生涯労働と昇給構成

生涯ステージ	定昇		昇格昇給	定昇
	生活昇給	習熟昇給		
ハイエイジ	－	○	◎	小
ミドル	○	◎	○	中
ヤング	◎	○	－	大

昇給はそれまでの半額となる。つまり半額はり出し昇給制である。また、このはり出し昇給を何回（何年間）認めるかが、nであるが、これも無限ではなく、五年間とか四回限りといったように有限とすべきである。nをいくつにするかは、労使の政策で決まる。

3　生涯労働での昇給構成を適切に——賃金カーブの新形成

従来の年功賃金カーブは、生涯労働の前半においてはその昇給は鈍く、後半に至ってようやく昇給ピッチが高まるといった、いわば〝あと立ち〟のカーブであった。しかしいま、生涯労働でのキャリア形成カーブも、生涯生活での世帯形成カーブも、いずれもいま、三〇～三五歳前後でうんと高まる、といったさき立ちのカーブに変革しつつある。そこで賃金カーブも、おのずから前半で昇給ピッチは高く、後半で昇給ピッチは低い、というさき立ちカーブに切り替えられていか

5－9図　職能給カーブのあり方

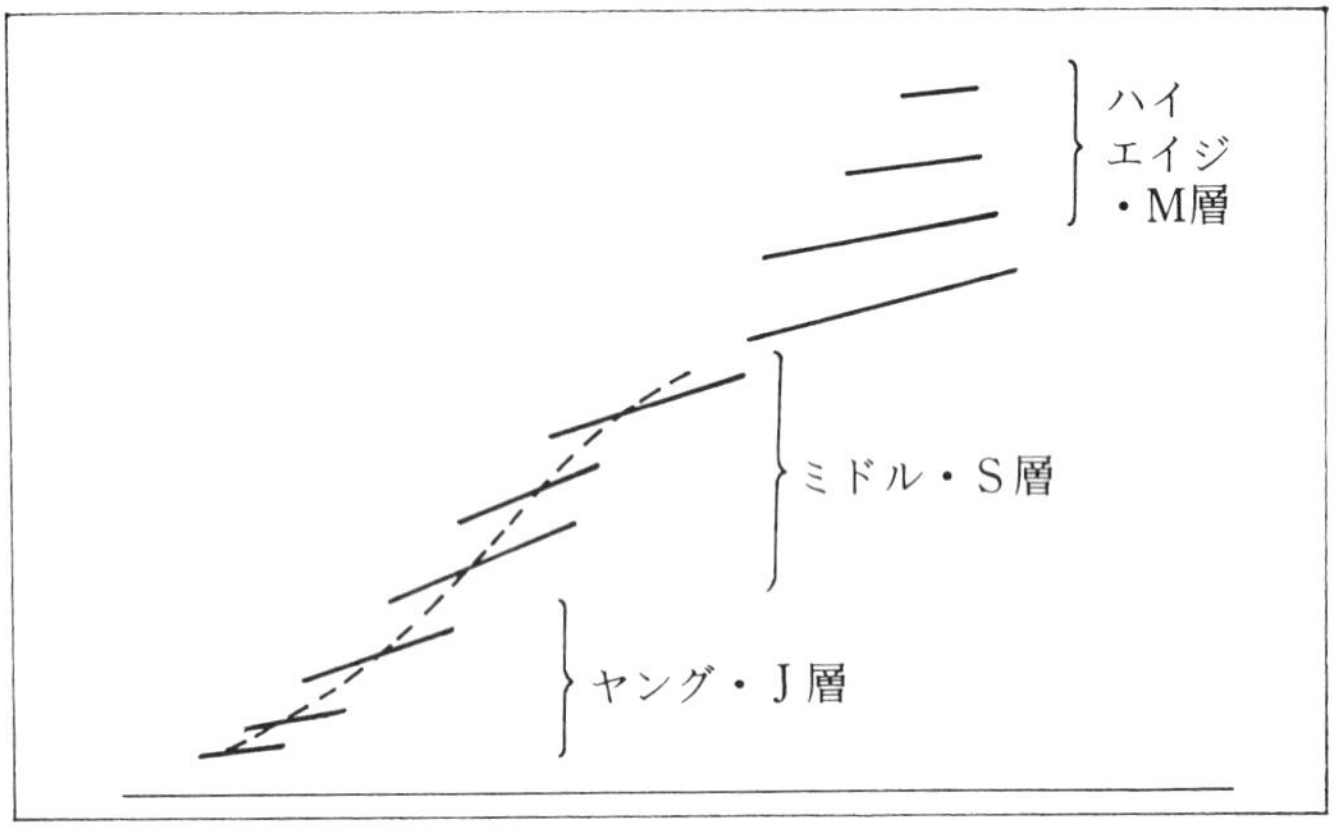

ざるを得ない。

そのことによって、賃金の中だるみを解消し、併せて高齢化や定年延長に順応できるものとなる。そのためには、**5－3表**のように、これからの昇給は、ヤング層、ミドル層、ハイエイジ層で、それぞれの昇給項目のウエイトを移し変えていくことが望まれる。

そうすることによって定昇はヤング層で強く、ミドル層がそれに次ぎ、ハイエイジ層では弱いといった望ましいものとなる。一方、**5－9図**でみるように、上位等級の賃金は、昇格昇給を大きく、等級間で賃金格差がはっきりつくようにしていくことが望ましい。生涯ベースの視点に立って、賃金体系、賃金表を整備していく中で、新時代にふさわしい新しい賃金カーブの形成を目指すといった姿勢が、労使に求められる状況に今日はある。

4 スケールの計算

1 ベースとなる職能資格等級

では、いよいよスケールの作り方の実際を考えてみることにしよう。

職能給は、職能資格制度をベースとする。したがって賃金表を作るにあたっては、まず職能資格等級を設定しなければならない。いま、**5―10図**にみるような職能資格等級が設定されているとしよう。標準昇格年数、およびこれに対応する職位があらかじめ設定される。

また高校卒はJ―1級に初任格付けされ、大学卒はJ―3級に初任格付けされるとする。この場合、高卒初任給、大卒初任給（の職能給分）がそれぞれJ―1級、J―3級の初号賃金（最低賃率）となる。

5－10図　職能資格制度のフレーム（例示）

等級		定義	経験年数	昇格基準	初任格付	対応職位
管理・専門職能	M－9級	統率・開発業務	－年		－	部長
	8	上級管理・企画業務	⑥	（実績）	－	次長
	7	管理・企画業務	⑤		－	課長
中間指導職能	S－6級	企画・監督業務	3～⑤	← 登用試験	－	係長
	5	判断指導業務	3～④～10	（能力）	－	班長・主任
	4	判断業務	2～③～8	← 昇任試験	－	上級係員
一般職能	J－3級	判断定型業務	2～③～5		大卒	中級係員
	2	熟練定型業務	2	（勤続）	短大卒	一般係員
	1	定型・補助業務	2		高卒	初級係員

（注）経験年数欄の○は標準期待（理論モデル）年数をあらわす。

2　計算表と算定の実際

職能給のためのサラリースケールを算定するには、5－4表で例示するような計算表を用意することが便利である。左半分の初号賃金、モデル年数、習熟昇給額および昇格昇給額までが、サラリースケール設定のための部品となるものであり、これを確定したのち、右半分のいわゆる範囲賃率が計算されることになる。では、いまこのフォームを用いながら、サラリースケールの具体的な計算のあり方を詳しく述べてみることとしよう。

●一行目の初号賃金

計算表の一行から順に計算は行われる。さてまず一行目の初号賃金から計算していこう。一行目の最下段のJ－1級の初号賃金は、高卒初任給から一八歳の年齢給を差し引くことによって計算される。いま高卒初任給を一五八、四〇〇円だとし、4－2表の年齢給を用いるとすると、一行目のJ－1級の初号賃金は、

158,400円－126,700円＝31,700円

つまりJ－1級に高卒者は初任格付けされるから、高卒者の初任給は年齢給の一八歳値と職能給のJ－1級初号賃金との合算されたものに相当する。したがってJ－1級の初号

5－4表 職能給〔サラリースケール〕算定のための計算表

等級	初号賃金	理論モデル年数	習熟昇給額	昇格昇給額	初号賃金～	（習熟昇給額）～	上限賃金～	（はり出し昇給）
M－9級	－	－	（　）	□	□	～（　）～	□	
8	－	6	（　）	□	□	～（　）～	□	
7	－	5	（　）	□	□	～（　）～	□	
S－6級	－	5	（　）	□	□	～（　）～	□	～（　）
5	－	4	（　）	□	□	～（　）～	□	～（　）
4	－	3	（　）	□	□	～（　）～	□	～（　）
J－3級	□	3	（　）	□	□	～（　）～	□	～（　）
2	－	2	（　）	□	□	～（　）～	□	～（　）
1	□	2	（　）	－	□	～（　）～	□	～（　）
行	①	②	③	④	⑤	⑥	⑦	⑧

5－5表　各等級に標準者が到達する年齢

等　　級	理論モデル年数	標準者が到達する年齢
M－9級	－（年）	48（歳）
8	6	42
7	5	37
S－6級	5	32
5	4	28
4	3	25
J－3級	3	22
2	2	20
1	2	18

賃金は右の計算のように高卒初任給から一八歳年齢給を差し引いた額となるのである。

次にJ－3級の初号賃金を計算する。大学卒は初任格付等級がJ－3級であるから、大卒初任給から二二歳の年齢給を差し引いた額としてJ－3級の初号賃金は計算される。つまり、

198,900円－140,300円＝58,600円

ここで一九八、九〇〇円は大卒初任給であり、一四〇、三〇〇円は**4－2表**で設定した二二歳の年齢給である。以上のようにして一行目の初号賃金は計算が終了する。

●二行目のモデル年数

二行目のモデル年数は、別個に設定した職能資格等級の標準昇格年数が用いられる。

職能資格等級においては、このようなモデル（期待）年数は表示される場合もあり、表示されない場合もあるが、賃金表を設定するにはどうしても必要であるから、**5－4表**のように賃金計算表の中に設定せざるを得ない。M職能においては、職能資格等級そのものにおいて標準昇格年数は設けられないが、サラリースケールの設定にあたってはどうしても必要であるから、一般的なあり方を念頭に置いて設定すればよい。いまここでは**5－4表**の二行目のような数字であるとしよう。

いまこのモデル年数に基づいて、各資格等級に標準者が到達する年齢を計算すると、**5－5表**のようになる。

●三行目の習熟昇給額と四行目の昇格昇給額

次に習熟昇給額と昇格昇給額の計算が行われる。まず習熟昇給額については、一八歳と四〇歳の中間年齢二九歳が所属する等級であるところのS－5級の額から計算される。

さて、すでに述べたように、いま仮に計算の対象となる当該企業の基本給ピッチ（「一八歳」と「四〇歳の標準的課長」との間の一歳当たり昇給ピッチ）は一〇、三〇〇円であったとしている。この一〇、三〇〇円の昇給傾斜のうち、すでに年齢給の計算が終わっているのであるから、これらの昇給額を差し引いたものが職能給表における昇給額となる。ただここで注意しなければならないのは、次の二つである。

まず昇格昇給額について、一定の予算をとっておかねばならないということである。昇格昇給額が必要であることはすでに述べたとおりであるが、この額はあまり小さくても意味がないし、過大にすぎると問題も多い。そこで、導入時においては習熟昇給額を超えない限度で設定することが、ひとつの目安となる。いまここでは一年当たり平均三、二〇〇円（職能給ピッチの二・三分の一）の予算をもって、昇格昇給額を設定した（**一六〇頁**参照）。

もう一つは新しい体系を設定し、移行する際は、なにがしかの移行原資を必要とする場合もあるという点である。賃金表は現在の当該企業の理論モデルに即した形で設定しなければならない。当該企業の現在の理論モデルから大きくそれた場合、それは多くの追加原資を必要とするからである。したがって、現在の理論モデルに合わせる形で賃金表の計算は行われることになるが、この際、まったく現在の理論モデルに重ねる形ではなく、若干でも傾斜、つまり一歳当たりの昇給ピッチを引き上げる形で新しい体系を導入すれば、移行時における各人の賃金のはり付けがいくらか容易となる。これはもちろん原資との関連も考慮されねばならない。

さて、右の昇格昇給額を念頭に置いて、いよいよ三行目の習熟昇給額を計算してみよう。

基本給ピッチは一〇、三〇〇円であるから、すでに消費した年齢給の三、一〇〇円、昇格昇給の三、二〇〇円を差し引き、次の計算のように職能給の習熟昇給額は四、〇〇〇円となる（**5－7図**参照）。

10,300円－3,100円－3,200円＝4,000円

このようにして計算された四、〇〇〇円をさきのS－5級の習熟昇給額とする。三行目のS－5級の習熟昇給額の算定が終わったならば、これを上下に一割で展開する。

M－7	5,000
	↑ (500)
S－6	4,500
	↑ (500)
S－5	4,000
	(400) ↓
S－4	3,600
	(400) ↓
J－3	3,200
	(400) ↓
J－2	2,800
	(300) ↓
J－1	2,500

そして、M－8、M－9の習熟昇給額は、M－7の習熟昇給額より減額するものとする。カーブを適切にするためである。次にJ－1級、J－2級の習熟昇給額と、四行目の昇格昇給額の三つをワンセットで一度に算定する。それは、要するにJ－1級に高卒後入社し

た者が二二歳時にＪ－３級となり、大卒初任給つまりＪ－３級の初号賃金と一致するように賃金表が計算されねばならないからである。そこで一行目のＪ－３級の初号賃金とＪ－１級の初号賃金の差をまず求める。

58,600円－31,700円＝26,900円

この二六、九〇〇円を一八歳から二二歳までの昇給でカバーできるように、三行目のＪ－１、Ｊ－２級の習熟昇給額をにらみ、四行目の昇格昇給額を設定すればよいこととなる。

$$\frac{26,900円－2,500円×2－2,800円×2}{2}＝8,150円$$

そこで、Ｊ－２、Ｊ－３に昇級する時の昇格昇給はそれぞれ八、一〇〇円と八、二〇〇円とする。このようにしてＪ－３級の初号賃金とＪ－１級の初号賃金の差額二六、九〇〇円がカバーされたこととなる。検算してみよう。

2,500円×２＋2,800円×２＋8,100円＋8,200円＝26,900円

つまり、Ｊ－１級に二年滞留し、この間一年につき、二、五〇〇円ずつ昇給する。次にＪ－２級に二年滞留し、この間一年につき二、八〇〇円ずつ昇給する。１級から２級、２級から３級に昇格する際、それぞれ八、一〇〇円、八、二〇〇円の昇格昇給が加算される

5－6表　サラリースケール

等級	初号賃金	理論モデル年数（年齢）	習熟昇給額	昇格昇給額	初号賃金～	（習熟昇給額）	～上限賃金～	（はり出し昇給）		役付・管理職手当
M－9	—	—(48)	(3,000)	40,000	294,100 ～	(3,000)	～ 339,100			15%
8	—	6(42)	(4,000)	30,000	230,100 ～	(4,000)	～ 278,100			15%
7	—	5(37)	(5,000)	25,600	175,100 ～	(5,000)	～ 225,100			15%
S－6	—	5(32)	(4,500)	12,800	127,000 ～	(4,500)	～ 172,000	～ (2,250)	5	5%
5	—	4(28)	(4,000)	9,600	98,200 ～	(4,000)	～ 130,200	～ (2,000)	4	5%
4	—	3(25)	(3,600)	9,600	77,800 ～	(3,600)	～ 99,400	～ (1,800)	3	5%
J－3	58,600	3(22)	(3,200)	8,200	58,600 ～	(3,200)	～ 77,800	～ (1,600)	3	
2	—	2(20)	(2,800)	8,100	44,800 ～	(2,800)	～ 56,000	～ (1,400)	2	
1	31,700	2(18)	(2,500)	—	31,700 ～	(2,500)	～ 41,700	～ (1,250)	2	
	①	②	③	④	⑤	⑥	⑦	⑧		⑨

それらを合算して二六、九〇〇円となるわけだ。

なおＭ－８級、Ｍ－９級の習熟昇給額であるが、Ｓ字型をとることにしたので、Ｍ－７級の五、〇〇〇円をピークとしてあとは落とすか同額とする。いくら落とすかは、政策的に決定すればよい。ここでは一、〇〇〇円ずつ落とし、Ｍ－８級四、〇〇〇円、Ｍ－９級三、〇〇〇円とする。

このようにして**５－６表**でみるように、三行目の習熟昇給額は全部埋まる。次に四行目の昇格昇給額であるが、一年につき三、二〇〇円の予算をとっていたのであるから、これを念頭に置きながら、**５－６表**のように計算する。

つまり、一年につき三、二〇〇円として設定する。ただしＭ－７級への昇格昇給は、一八歳と四〇歳の職能給の一年当たりピッチが七、二〇〇円（**５－７図**）となるように、調整しながら設定する。

〔Ｍ－７級への昇格昇給額の計算〕

7,200円×22＝158,400円（Ａ）

(2,500×２)＋(2,800×２)＋(3,200×３)＋(3,600×３)＋(4,000×４)

＋(4,500×５)＋(5,000×３)＋8,100＋8,200＋9,600＋9,600＋12,800

=132,800円（B）

A－B＝25,600円

M－8級、M－9級への昇格昇給額は、習熟昇給額を減額しているから、M－7級を上回る直近の万円台とする。

したがってM－8級を三〇、〇〇〇円、M－9級を四〇、〇〇〇円とした。

●五行目の初号賃金の計算

一行目から四行目までのサラリースケールを計算するための部品の算定は終わったから、いよいよサラリースケールそのものの組立て計算に入る。

まず五行目の初号賃金であるが、J－1級の初号賃金は一行目の三一、七〇〇円をそのまま移し替える。J－2級の初号賃金は1級に入社した者が三一、七〇〇円からスタートし、二年滞留したのち、昇格してくるのであり、しかもその時の賃金がJ－2級初号賃金でなければならないから、次の計算式でJ－2級の初号賃金は算定される。

31,700円＋(2,500円×2)＋8,100円＝44,800円

つまりこれでわかるように、各等級の初号賃金は1級初号賃金から積み上げる形で計算され、かつ標準者が到達する額が初号賃金になるよう計算される。次にJ－3級の計算を

してみよう。いま述べたと同じように、

44,800円＋(2,800円×2)＋8,200円＝58,600円

2級から3級に昇格する際は八、二〇〇円の昇格昇給がセットされているから、これを加算して初号賃金は計算される。そのJ－3級の初号賃金は一行目の初号賃金と、もちろん等しいものとなる。以下同じようにして4級から9級までの計算が次のようにして行われる。

S－4級の初号賃金

58,600円＋(3,200円×3)＋9,600円＝77,800円

S－5級の初号賃金

77,800円＋(3,600円×3)＋9,600円＝98,200円

S－6級の初号賃金

98,200円＋(4,000円×4)＋12,800円＝127,000円

M－7級の初号賃金

127,000円＋(4,500円×5)＋25,600円＝175,100円

M－8級の初号賃金

175,100円＋(5,000円×5)＋30,000円＝230,100円

M－9級の初号賃金

230,100円＋(4,000円×6)＋40,000円＝294,100円

右の計算パターンから理解されるように、初号賃金はまず原則的には、標準者（モデル者）が経過するポイントとして設定されることとなる。したがって抜てき者は昇格時にこの初号賃金に跳びつく形となり、標準者よりも遅く昇格する者は、初号よりも高い賃金に移行する形となる。もちろん、したがって抜てき者は昇格時の昇給幅は通常の昇格昇給額より大きいものとなり、また標準よりも遅く昇格した場合にも、所定の昇格昇給は加算されるものとなる。はり出し後昇格した者についても同様だが、適用しないルールとすることもあり得よう。

●六行目の習熟昇給額

これは、さきに三行目で計算したものをそのまま移し替えることとなる。

●七行目の上限賃金

次に上限賃金を計算する。上限賃金については、どの程度重複させるかが問題であるが、従来の賃金がきわめて年功的であったり、または決定基準が不明確であり、かなり恣意的

に決まってきたような場合には、かなり深い重複をとらざるを得ない。例えばＪ－１級の上限が、Ｊ－３級の初号賃金に見合う形で設定し、その後、範囲賃率の範囲を漸次狭くする形で重複度を浅くしていかざるを得まい。

さて一般的には、モデル年数の二倍ほど同一等級に滞留した場合に到達する形で、上限賃金は設定される。そこで、いまここでもモデル年数の二倍幅で上限賃金を計算してみよう。

まずＪ－１級であるが、初号賃金三一、七〇〇円に習熟昇給額二、五〇〇円の四倍を加算した四一、七〇〇円が上限賃金となる。二、五〇〇円を四倍したのは、モデル年数が二年であり、その二倍が四であるからである。以下同様にして、２級から９級までの上限賃金がすべて設定されることとなる。

		（上限値）
Ｊ－１級	31,700円＋(2,500円×４)	＝41,700円
Ｊ－２級	44,800円＋(2,800円×４)	＝56,000円
Ｊ－３級	58,600円＋(3,200円×６)	＝77,800円

S－4級　77,800円＋(3,600円×6)＝99,400円
S－5級　98,200円＋(4,000円×8)＝130,200円
S－6級　127,000円＋(4,500円×10)＝172,000円

M－7級　175,100円＋(5,000円×10)＝225,100円
M－8級　230,100円＋(4,000円×12)＝278,100円
M－9級　294,100円＋(3,000円×15)＝339,100円
（注）M－9級の上限賃金は48歳と63歳の差の年数15年間で計算

これらの計算結果は、**5－6表**の上限値でみるごとくである。

これで理解できるように、例えば4級の上限値は5級の初号賃金よりも高いが、6級の初号賃金よりも低く、もちろん5級の上限よりも低い。移行時の重複度としては、この程度が適切である。

しかしあくまでも移行時点における自社賃金の分布状態を念頭に置き、上限を設定しなければならない。

●**八行目のはり出し昇給の計算**
はり出し昇給をいずれの等級に設定し、減額率をいくらとし、許容回数を何年とするか

は、前述のように労使の政策で決定される。いまここでは、最も通常的なあり方として、減額率αを二分の一とし、許容回数nをモデル年数と同一としてみよう。

つまり半額昇給、有限許容回数のはり出し昇給システムである。これに従ってJ－1級のはり出し昇給額は、習熟昇給額二、五〇〇円の半額一、二五〇円となり、許容回数はモデル年数二年と同じく二回となる。以下同様にして、**5－6表**のはり出し昇給のごとく計算される。

●九行目の役付・管理職手当の設定

S級は基本給の五%、M級はいずれも基本給の一五%をもって、役付手当、管理職手当とする。

＊

以上でサラリースケールの計算は終了した。もう一度留意点を繰り返し説明しておこう。

① 初号賃金は1級の初号賃金から積み上げる形で計算され、いわゆるモデル者が経由する形でとらえられる。J－1級の初号賃金は、高卒初任給から一八歳の年齢給を差し引いた形となる。

② J－3級の初号賃金は、高卒者が二二歳になったときに到達する形で計算される。

つまり大卒初任給は二二歳高卒者と同一値となることが望ましい。もちろん高卒者のほうが二二歳時点で高いことは許されるが、大卒者のほうが二二歳時点で高いことは望ましくない。

③　標準滞留（モデル）年数は職能資格では表示されないとしても、賃金表の計算においては不可欠であるから、標準目安として計算し設定すること。

④　年齢給、昇格昇給額および習熟昇給額の三者を足したものが、現在の当該企業の基本給モデルの一歳当たり昇給ピッチに合致する必要がある。

⑤　移行原資が必要となる場合も多い。現行の理論モデルから大きくくずれた場合、それだけ追加原資を必要とするから、新しい賃金表は現行理論モデルと合致する必要がある。しかしながら現行の賃金カーブがあまりにもねすぎている場合などは、若干でも傾斜を持ち上げる形で、いくらかの移行原資を加算することが望まれる。

なお移行時には、そのほかに、例えばゆがみ是正とか中途採用者の賃金是正とか、さらに初号賃金に到達しないものを初号値までに引き上げるなど、いくつかの調整を必要とし、このための調整原資が基準内賃金の最小一〜二％を必要とする場合が多いので、この点も考慮しておく必要があろう。

⑥　１級、２級の昇格昇給額は、大卒初任給と高卒初任給との差、つまりＪ－３級初号賃金とＪ－１級初号賃金との差をカバーするような形で設定すること。

⑦　上限賃金は移行時においては二等級重複程度から移行することも考えられるが、できれば標準滞留年数の二倍程度をもって到達する程度が望ましい。

⑧　はり出し昇給額は無限としない。また管理職能に対しては設定する必要はない。減額率は、いまこの事例では二分の一としたが、上限を超えてしばらくの間は八割とし、次いでそのさきは二分の一とするように漸減させる形も考えられる。

いずれにしても、移行時の従業員の納得性、公平感、また年齢別最低保障賃金との兼ね合い等を考慮し、労使が政策をもって設定すればよい。

＊

以上がサラリースケールの計算のあり方である。

賃金表の原型を作るにあたっては、以上のようにまず標準昇格年数をどのように設定するか、標準昇給額をどの程度とするか、および重複度をどの程度にするかが決め手となる。標準昇給額は年々少しずつ変わっていくのであるから、たえずモデル賃金や人事院の標準生計費などをよく吟味し、そのつどこれを修正していく必要があろう。また、標準昇格年数は、実際にはこのとおりに昇格するわけではない。J職能にあっては、この標準昇格年数が実際の運用面においても決め手となるが、S職能以上においては、あくまでもそれはひとつのメドであり、ましてM職能においては、この基準年数は単に賃金表を設定するための材料にしかすぎない。

つまりこれで明らかなように、各等級の初号賃金は、あくまでも標準者がたどる賃金としての、いわゆるモデル賃金としての意味をもつ。そして、それがとりもなおさず旧来の標準昇給カーブにあたるわけである。したがって実際には、標準以上に抜てきなどで昇格していった人は、これを上回る賃金が可能となり、また標準よりも昇給や昇格が遅れた人は、これ以下の賃金となる。

また標準昇給額であるが、これでみるように若年層ほど昇給率は大きい。上位等級にいけばいくほど昇給率は小さい。本来ならばM職能にあっては同じ職務や仕事についている限り、ただ勤続や年齢が延びたからといって昇給するような考え方は必ずしも望ましくない。しかし若年層にあっては、仕事が不変であっても年齢、勤続の高まりなどで賃金を上げていく必要がある。S－5級前後の賃金が高ければ高いほど、その後は職務・職能的運用が可能である。

5　シミュレーション（適合度検証）

以上のようなサラリースケールが計算されたならば、これが自社賃金や世間相場や生計費などからみて適切であるかどうかを検証しなければならない。せっかく賃金表を作っても、自社賃金の実態とかけ離れたものであったり、市場賃率と相違していたり、生計費に対し不適切であった場合、個別賃金の公正な決定基準として、この賃金表が十分な機能を果たすことはできないからである。

では、どのようにしてシミュレーションを行うのであろうか。まず第一は、スケールに基づき理論モデルを算定し、その理論モデルが当該企業の現行の理論モデルに比べ、どのような状況にあるか、さらに他社の理論モデルや一般公表資料の理論モデル、および人事院の標準生計費などと比べ、どのような状態にあるかをチェックすることとなる。

そこで、前掲のスケールに基づき、理論モデルを計算してみよう。

〈計算例1〉 四〇歳の標準的課長の賃金

4－2表の年齢給表と**5－6表**のサラリースケール表に基づき、四〇歳の標準的な課長の賃金を計算してみることとする。ただし、ここで次の条件を設定する。

管理職手当についてはM－7級、M－8級、M－9級について、各人の基本給の一五％相当をもって計算する。

家族手当については、配偶者一九、〇〇〇円、配偶者を除く一人目六、〇〇〇円、二人目六、〇〇〇円、三人目も六、〇〇〇円としよう。また世帯人員は二六歳で結婚、二八歳で第一子、三一歳で第二子、三四歳で第三子出生、つまり三四歳で標準世帯となるものとする。四八歳で第一子が扶養家族から離れるものとして四人世帯、さらに五一歳で第二子が離れ、五五歳で二人世帯に戻るものとする。

このようなモデル条件を設定したうえで、四〇歳標準的課長の賃金を計算してみる。

まず年齢給は**4－2表**により一九四、九〇〇円となる。次に職能給であるが、三七歳で標準者は7級に昇格する。したがって三七歳標準職能給がM－7級の初号賃金である一七五、一〇〇円となる。いま四〇歳の標準的な課長の賃金を計算しようとするのであるから、さらにM－7級の標準昇給額五、〇〇〇円の三年分をこれに加算しなければならない。右からして四〇歳の標準的課長の職能給は次の計算により一九〇、一〇〇円となる。

175,100円＋(5,000円×3)＝190,100円

これに年齢給を足して当人の基本給は、三八五、〇〇〇円となる。

194,900円(年齢給)＋190,100円(職能給)＝385,000円

さらに管理職手当が、この基本給の一五％の額で加算される。

385,000円×0.15＝57,750円≒57,800円

ただし、一〇〇円未満は三捨四入で一〇〇円単位に整理することとした。

次に家族手当が配偶者一九、〇〇〇円と、第一子六、〇〇〇円、第二子六、〇〇〇円、第三子六、〇〇〇円の合計額三七、〇〇〇円となる。

以上からして四〇歳の標準的課長の賃金は四七九、八〇〇円となる。

基本給385,000円＋管理職手当57,800円＋家族手当37,000円＝479,800円

〈計算例2〉三四歳の標準的係長の賃金

次に三四歳の標準的係長の賃金を計算してみよう。

	年齢給（a）	180,860円
	職能給（b）	136,000円
（a＋b）	基本給（c）	316,860円
	役付手当（d）	15,900円
	家族手当（e）	37,000円
(計)（c＋d＋e）	賃金	369,760円

以上のようにして、いま一八歳から各年齢について標準者の賃金を計算すると、それがいわゆる理論モデルということになる。それは**5－7表**で示すごとくである。

5－7表のいちばん右行のA／Bは、基本給の中に占める年齢給の割合を示す。一八歳で八割、平均年齢三四歳で約六割、四〇歳で約五割、そして六三歳では三五％という形で年齢給の割合が落ちていく形が理解されるであろう。

このような理論モデルを現行モデルと比較したり、他社理論モデルや中労委等の一般公表データと比較検討することによって、賃金表の妥当性をチェックすることができる。

５－７表　モデル賃金表

（単位：円）

年齢(歳)	等級	年齢給(A)	職能給	小計(B)	役付・管理職手当	家族手当	計	A／B(%)
18	J１	126,700	31,700	158,400	―	―	158,400	80.0
20	J２	133,500	44,800	178,300	―	―	178,300	74.9
22	J３	140,300	58,600	198,900	―	―	198,900	70.5
25	S４	152,000	77,800	229,800	―	―	229,800	66.1
26	S４	155,900	81,400	237,300	―	19,000	256,300	65.7
28	S５	163,700	98,200	261,900	13,100	25,000	300,000	62.5
30	S５	171,500	106,200	277,700	13,900	25,000	316,600	61.8
31	S５	173,840	110,200	284,040	14,200	31,000	329,240	61.2
32	S６	176,180	127,000	303,180	15,200	31,000	349,380	58.1
34	S６	180,860	136,000	316,860	15,900	37,000	369,760	57.1
35	S６	183,200	140,500	323,700	16,200	37,000	376,900	56.6
37	M７	187,880	175,100	362,980	54,500	37,000	454,480	51.8
40	**M７**	**194,900**	**190,100**	**385,000**	**57,800**	**37,000**	**479,800**	**50.6**
42	M８	198,100	230,100	428,200	64,200	37,000	529,400	46.3
48	M９	207,700	294,100	501,800	75,300	31,000	608,100	41.4
51	M９	207,700	303,100	510,800	76,600	25,000	612,400	40.7
55	M９	207,700	315,100	522,800	78,400	19,000	620,200	39.7
63	M９	182,900	339,100	522,000	78,300	19,000	619,300	35.0

（注）家族手当　配偶者 19,000 円　第１子 6,000 円　第２子 6,000 円　第３子 6,000 円
ライフサイクル　26歳・２人，28歳・３人，31歳・４人，34歳・５人，48歳・４人，51歳・３人，55歳・２人

〔生計費からのチェック〕

標準賃金額が少なくとも標準生計費を上回り、特に上位等級にいけば、さきほど設定した愉楽生計費に近い線をたどることが望まれる。そこで、㋑特に抜てきをし、最も早く昇格していった場合、㋺標準的に昇格していった場合、㋩やや遅れた場合、といったいろいろの立場での賃金の推移を試算し、これを生計費を描いたグラフの上に描きながら、相互の関連をみることが必要であろう。

S－4級は一般に二五、六歳前後、つまり、ほぼ結婚年齢であるから、少なくとも二人世帯の生計費を満たさねばならず、S－5級においては三～四人世帯、そしてS－6級においては三五歳前後の係長クラスであるから、五人標準世帯の生計費を十分まかなうといったことが要求されよう。また職種によっては、J－3級でそのまま頭打ちになる可能性が出てくる職種もあろう。このような場合、はたしてどの程度の賃金を確保しうるか、さきに述べた最低生計費や最低生存費との関連で、十分チェックしておくようにしたい。

ただしここで注意しなければならないのは、あくまでも賃金表は基本給に関するものだということである。日本の賃金においては、このような基本給のほかに手当や臨時給与などがかなり存在するのが通例である。このような手当や臨時給与も含めた形で生計費がまかなえればよいといっていいかもしれない。そこで、このような検討にあたっては、基本給としてのカーブに、さらにいろいろの手当を加えた所定内賃金で考えた場合は、はたしてどうなるのか。さらにまた、臨時給与の一部を加算して設定した場合はどうなるのか、といったきめの細かい検討が要求される。

例えば年間臨時給与が五カ月分あるとしよう。その場合、二カ月分が業績賞与であり、三カ月分が生活一時金であるとする。つまり、あと払いの考え方である。とするならば、これは当然月例賃金と合わせた形で生計費を満たせばよいこととなろう。したがって、例えば賞与が二カ月を超える場合がある分については、これを月例賃金の中に含めて検討することも必要な場合が出てこよう。例えば年に五カ月の賞与がある場合に、三カ月分を月割りにすれば、それは毎月の賃金を二割五分だけプラスすることができる。

したがって基本給のほかに手当を加え、さらにこの三カ月分を月割りにした二五％をプラスしたもので、はたして各種の生計費とどのような関連にあるかをチェックするといった検討も、もちろんあってしかるべきであろう。ただし、時間外手当を加えて生計費をまかなうといった考え方は必ずしも望ましくないし、また臨時給与が二カ月未満の場合について、それを月例賃金の中に含めて考えることは、必ずしも望ましくないのではなかろうか。貯金をする分も考える必要があるからである。

〔世間相場からのチェック〕

さて、算定されたスケールが、世間相場賃金と大きくずれていたのではどうにもならない。そこで、これを各種のモデル賃金統計や厚生労働省の賃金構造基本統計調査や各種の初任給統計または職種別賃金統計などと比較して、公正妥当であるかをチェックすることとなる。

つまりスケールでモデル賃金をはじき、これを各種の資料と比較する。モデル賃金には大企業モデルや東京都産業労働局などのいわゆる中小企業モデルなどがあるから、これら各種のモデル統計を大卒、高卒、中卒、現場および事務系といった各種の角度からとらえながら、これをグラフの上で相互比較しながらスケールの妥当性を検討する。

さらに、これはあくまでもモデル賃金であるから、さきほど生計費とのチェックで行ったように、このスケールでいろいろのケースの昇格基準のシミュレーションを行い、そのようにして分布される各人の賃金が、はたして世間相場の一般賃金分布統計に比べてどのような位置づけにあるかをチェックする。

特に注意したいのは、S職能つまり中間指導職クラスの賃金であろう。この職能段階の賃金が世間相場に比べて大きく落ち込んでいることは、特に問題が大きい。むしろ、できればこれからの個別賃金政策としてはS職能は業界一流の賃金を目指したい。そのような意味においても、例えば中労委の第3四分位数モデルなどと比較チェックすることもひとつのやり方であろう。また同業他社の中でも特に高いレベルのモデル賃金をもってきて、それと比較対照することも必要ではあるまいか。さきにも述べたように、できるだけ資料交換を行い、同業他社の個別賃金に関するデータを細かく入手し、それとの関連でチェックをしておくことが必要であろう。

なお、厚生労働省の賃金構造基本統計調査をベースとした、賃金傾向値として算出しているものを用いて、賃金の検討を行うこともできよう。

〔自社賃金の実態からのチェック〕

自社賃金のモデル賃金が従来にも作られていたならば、そのモデル賃金が実在者賃金と、どのような関係にあるかを念頭に置いたうえで、このモデル賃金といま設定したスケールからのモデル賃金との比較を行い、どの程度、どの階層において特に乖離しているかなどをチェックする。

また、自社賃金との比較対照にあたっては、**5－11図**でみるような等級別賃金（各人の

5－11図　等級別の賃金実態分布の検証

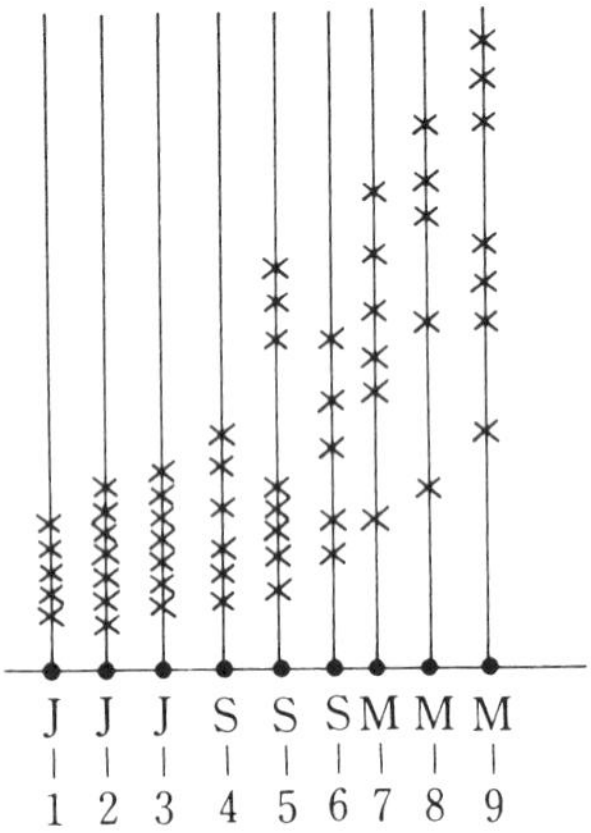

5－12図　下限線と上限線

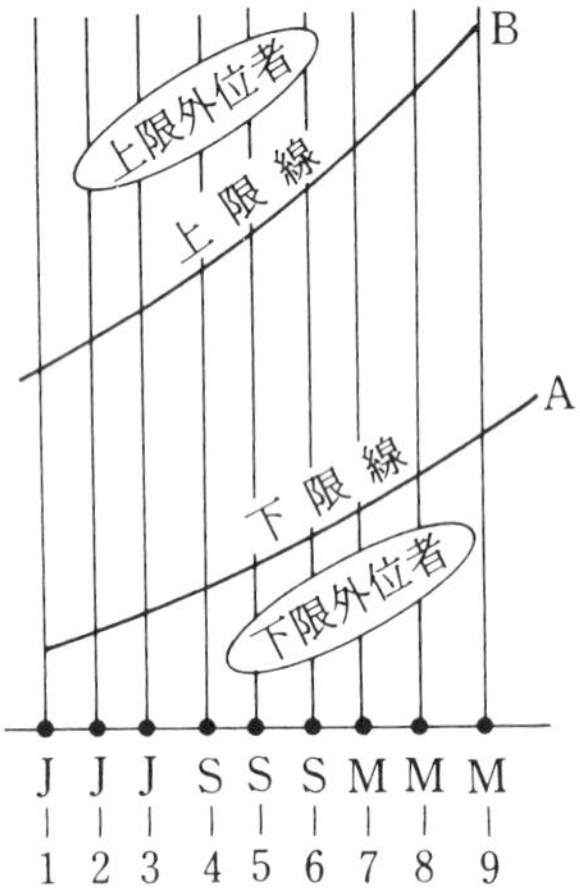

現状賃金から年齢給を引いた額）の現状分布図と、各等級の初号賃金、上限賃金との関連（**5－12図**）を検討する必要がある。

つまり初号賃金と上限賃金の間の領域に現在の各人の賃金（年齢給を引いたもの）がプロットされるならば、賃金表は賃金の現状、実態からして問題ないことを知る。

もし各級の初号賃金（いわゆる下限線）以下の下限外位者（**5－12図**参照）が多く出れば、これについては新体系への移行時に、当然初号賃金まで引き上げねばならないこととなるから、それだけかなり移行時に賃金の修正が行われることとなり、また追加原資を必要とする。そのような観点から、この初号賃金の妥当性を検証すればよい。

5－8表　個人別賃金検討表

氏　名	No.	現等級	年齢	現基本給（イ）	新等級	新年齢給（ロ）	新職能給予算額（イ－ロ）	修正値（＋・－）

5－13図　賃金カーブ修正の方向

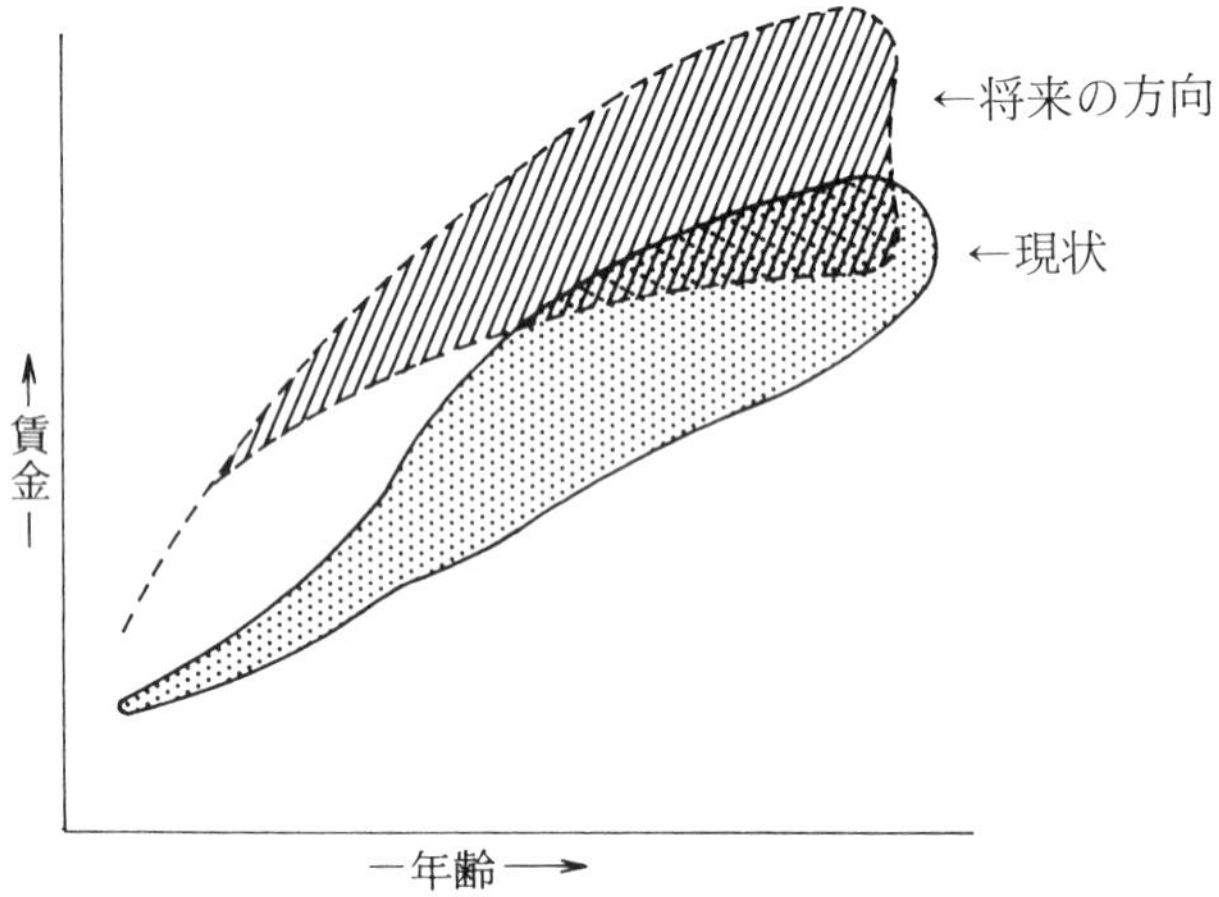

また上限外位者が多いことは、いずれ賃金の調整を実施しなければならないので、この面からまたいろいろの不満が生ずることともなる。しかし、まったく下限外位者や上限外位者を出さないような形で設定することは、現状をそのまま移行することとなり、これは必ずしも望ましくない。

一般に、新体系への移行にあたっては、追加原資を最低一～二％程度は必要とするから、企業における支払い能力、追加原資の大きさなどを検討しながら、下限線の適否をチェックすることとなろう。

さて具体的なシミュレーションの進め方だが、まず、さきに計算されたスケールで、**5－12図**を作る。Aラインが初号ラインであり、Ｂラインが上限ラインである。次に**５―８表**のような個人別賃金検討表を作り、各人ごとに職能給の持ち分額（表のイ―ロ）を計算する。これを、さきの**５―12図**の各人の格付等級ラインの上にプロットする。

そのプロットがおおむね、Ａライン、Ｂラインの間に傾向的に入れば、スケールの適合度はよいということになる。傾向的にずれる場合は、適合度が悪いのであるから、再度、計算をやり直すこととなる。基本給ピッチのとり方か年齢給ピッチのとり方が不適切であることが原因であるから、特にこの点を再点検し、あらためて再計算を行う。

〔労使の賃金政策からのチェック〕

５―13図でみるように、将来にむけてわが国の個別賃金格差はかなり変化を遂げていくこととなろう。初任給対二五歳または三〇歳前後の賃金格差は、今後の技術や労働市場変化の見通しから設定されねばなるまい。そして中高年層の賃金は、企業の今後の生産性や生計費との関連でその高さが議論されることとなろう。あくまでも将来に対する個別賃金格差政策を念頭に置きながら、この賃率の妥当性をチェックすることとしたい。

また、特に自社賃金が中間層の中だるみがひどいとか、または中高年層の賃金の遅れが目立つとか、あるいは若年層の賃金が世間相場に対してかなり遅れているような場合には、当然これを修正することがひとつの条件となるから、たとえそれが自社の賃金実態と大きくかけ離れていても、むしろ世間相場を重視した賃金表を設定するなど、右にあげた生計費からのチェック、自社賃金からの乖離、および世間相場からの三点の検討課題をどう調整していくかは、最終的には、労使の個別賃金政策のあり方によって決定されていくものといえよう。これらは最終的には団体交渉によって決められることとなる。

〔支払い能力からのチェック〕

最終的には、このような賃金表で各人の賃金を決めた場合、はたして総人件費はどうなるのか。またこれで毎年の昇給を行った場合、昇給原資はいくらぐらいが必要となるのか。それが従来の人件費のワクや、また当面考えられている企業の支払いうる人件費のワクの中で、満たしうるものかどうかを十分チェックしておきたい。

特に重要なことは、新賃金体系へ移行する場合においては、必ず何らかの追加原資を必要とするのであるから、どの程度の追加原資を用意するかもあらかじめ支払い能力との関連でチェックしておくことが望ましい。

６　移行時の調整

傾向的に各人の職能給持ち分額がＡライン、Ｂラインの間に収まったとしても、個人別には、Ａラインを下回る者、Ｂラインを上回る者が当然出てくる。これをどうするかについて、労使でよく話し合い、政策的に決定することとなる。一般的には、次の方策がとられるから、いずれかを選ぶことになる。

〔初号ラインを下回る者の取扱い〕

①　移行時に直ちにまたは二、三年間かけて初号まで引き上げる

②　初号をとりはずして移行する

③　初号値を下げる

④　賃金表ではなく、昇給表で移行する

できれば、①の方式をとりたい。

〔上限ラインを上回る者の取扱い〕

① 調整手当として切り離し、払い続ける
② 調整手当として切り離し、三〜五年で解消する
③ はり出し昇給でカバーする
④ 上限をとりはずす
⑤ 昇給表で移行する

できれば、②か③をとるようにしたい。

第六章　賃金表のパターン

1　サラリースケールを賃金表として表示

5－6表のような形で職能給は等級別サラリースケールとして設定された。サラリースケールは初号と習熟昇給額と上限と昇格昇給額をもって設定されたわけであるから、このまま職能給表としてもちろん運用できるわけだが、実際のあり方としては、これをさらに賃金表として表示することが不可欠である。賃金表として表示したほうが、昇給もベアも、そして運用もはっきりするからである。

例えば昇格した際の賃金の決まり方の詳細や、昇給査定が行われる場合の細かい定めがスケールのままでは各個人には把握、理解されにくいからである。

では、このようなサラリースケールを賃金表として表示しようとする場合、賃金表のパターンとしてはどんなものがあるであろうか。

2　賃金表の四つのパターンと作り方

賃金表には、四つのパターンがある。号俸表、昇給表、段階号俸表、そして複数賃率表である。いずれも、それぞれに特性をもち、長所、短所があり、企業の実態への適不適がある。こういったことを十分に念頭に置きながら、いずれかの賃金表を選ばねばならない。そこで、まず賃金表の四つのパターンとその作り方を説明してみよう。

6－1表は、いわゆる**号俸表**である。これは等級別に各号俸の賃金が示される。つまり各等級の1号に、サラリースケールの初号賃金がセットされる。各等級の2号は、各等級の初号にそれぞれの習熟昇給額を加算したものである。以下、習熟昇給額を順次加算していくことにより、3号、4号、5号というように号俸が設定される。そして、例えばS－5級であれば9号で上限に到達し、それを超えてからは、いわゆる〝はり出し昇給〟となり、半額昇給額でさらに順次加算され、13号ではり出し昇給も終わる。このように号俸表は、いわば一年に1号ずつ進む形で標準習熟昇給額をもって等級別、号俸別にセットされ

6－1表　号　俸　表

（単位：円）

級＼号	J－1	J－2	J－3	S－4	S－5	S－6	M－7	M－8	M－9
1	31,700	44,800	58,600	77,800	98,200	127,000	175,100	230,100	294,100
2	34,200	47,600	61,800	81,400	102,200	131,500	180,100	234,100	297,100
3	36,700	50,400	65,000	85,000	106,200	136,000	185,100	238,100	300,100
4	39,200	53,200	68,200	88,600	110,200	140,500	190,100	242,100	303,100
5	41,700	56,000	71,400	92,200	114,200	145,000	195,100	246,100	306,100
6	(42,950)	(57,400)	74,600	95,800	118,200	149,500	200,100	250,100	309,100
7	(44,200)	(58,800)	77,800	99,400	122,200	154,000	205,100	254,100	312,100
8			(79,400)	(101,200)	126,200	158,500	210,100	258,100	315,100
9			(81,000)	(103,000)	130,200	163,000	215,100	262,100	318,100
10			(82,600)	(104,800)	(132,200)	167,500	220,100	266,100	321,100
11					(134,200)	172,000	225,100	270,100	324,100
12					(136,200)	(174,250)		274,100	327,100
13					(138,200)	(176,500)		278,100	330,100
14						(178,750)			333,100
15						(181,000)			336,100
16						(183,250)			

６－２表　昇給表〈１割展開の場合〉　（単位：円）

ランク／級	S	A	B	C	D
J－1	3,100	2,800	2,500	2,200	1,900
2	3,400	3,100	2,800	2,500	2,200
3	4,000	3,600	3,200	2,800	2,400
S－4	4,400	4,000	3,600	3,200	2,800
5	4,800	4,400	4,000	3,600	3,200
6	5,500	5,000	4,500	4,000	3,500
M－7	6,000	5,500	5,000	4,500	4,000
8	4,800	4,400	4,000	3,600	3,200
9	3,600	3,300	3,000	2,700	2,400

る賃金表ということになる。

第二の**昇給表**だが、これは各等級ごとに昇給額が明示され、それはさらに考課査定ランクごとに異なった昇給額が示される。つまり、**６－２表**のように考課ランクBが標準とすれば、各等級のB系列に各等級の習熟昇給額がセットされ、一定の割合でA、SおよびC、Dへ展開が行われる。**６－２表**は一割展開のケースである。一割展開というのは、例えばJ－1級の場合、標準昇給額は二、五〇〇円であるが、その一割の二五〇円を一〇〇円単位に切り上げ、三〇〇円で左右に展開する。すなわちB昇給額に対し、Aランクは三〇〇円増し、Sランクはさらに三〇〇円増す。一方、Cランク

6－3表　段階号俸表（標準5号昇給）

（単位：円）

級＼号	J－1	J－2	J－3	S－4	S－5	S－6	M－7	M－8	M－9
①	31,700	44,800	58,600	77,800	98,200	127,000	175,100	230,100	294,100
2	32,200	45,300	59,200	78,500	99,000	127,900	176.100	230,900	294,700
3	32,700	45,800	59,800	79.200	99,800	128,800	177,100	231,700	295,300
4	33,200	46,400	60,400	79,900	100,600	129,700	178,100	232,500	295,900
5	33,700	47,000	61,100	80,600	101,400	130,600	179,100	233,300	296,500
⑥	34,200	47,600	61,800	81,400	102,200	131,500	180,100	234,100	297,100
7	34,700	48,100	62,400	82,100	103,000	132,400	181,100	234,900	297,700
8	35,200	48,600	63,000	82,800	103,800	133,300	182,100	235,700	298,300
9	35,700	49,200	63,600	83,500	104,600	134,200	183,100	236,500	298,900
10	36,200	49,800	64,300	84,200	105,400	135,100	184,100	237,300	299,500
⑪	36,700	50,400	65,000	85,000	106,200	136,000	185,100	238,100	300,100
12	37,200	50,900	65,600	85,700	107,000	136,900	186,100	238,900	300,700

は三〇〇円低く、Dランクはさらに三〇〇円低い。また、例えば5級であれば標準習熟昇給額は四、〇〇〇円であるから、一割展開の場合、四〇〇円で左右に展開される。

通常、昇給査定幅は五％が下限であり、二〇％程度が査定幅としては最も大きい。このように昇給表はどの程度の査定幅とするかによって、一割展開、一割五分展開、二割展開などの設定の仕方がある。

次に第三番目の**段階号俸表**であるが、これは等級別の号俸表であるという点においては、第一の号俸表と同じではあるが、号俸表と異なるのは、号俸表においては毎年1号ずつ昇給するのに対し、段階号俸表は標準者で、例えば5号ずつ昇給するという形である。もちろん標準者を6号、7号、または3号、4号と、いかようにも設定することが可能となる。

6―3表は標準5号昇給のケースで設定してみた。これは**6―1表**の号俸表の1号が**6―3表**の段階号俸表の1号にそのまま来るが、**6―1表**の号俸表の2号はこの段階号俸表では6号にセットされ、号俸表の3号は段階号俸表では11号にセットされた形となる。つまり、5号ずつ昇給した場合、標準昇給と同じ金額となるよう設定される。

ところで2号、3号、4号、5号の設定であるが、5級の場合について説明してみよう。5級の標準昇給額は四、〇〇〇円であるが、これを5号でまかなうことになるから、四、

6－4表　複数賃率表〈S－5級〉〈4段階一致の場合〉

（単位：円）

号＼ランク	S	A	B	C	D
1	100,200	99,200	98,200	97,200	96,200
2	104,200	103,200	102,200	101,200	100,200
3	108,200	107,200	106,200	105,200	104,200
4	112,200	111,200	110,200	109,200	108,200
5	116,200	115,200	114,200	113,200	112,200
6	120,200	119,200	118,200	117,200	116,200
7	124,200	123,200	122,200	121,200	120,200
8	128,200	127,200	126,200	125,200	124,200
9	132,200	131,200	130,200	129,200	128,200

〇〇〇円を五で割った八〇〇円で号俸表は設定される。つまり5級1号に八〇〇円加算したものが2号であり、さらに八〇〇円を足して3号となる。また、例えばS－6級の場合、標準昇給額は四、五〇〇円であるから、これは5号昇給の場合、九〇〇円という加算間隔で号俸表が設定される。これが段階号俸表である。

さて第四の**複数賃率表**であるが、**6－4表**で示したように、一つの等級で一枚ずつの賃金表が作成される。そして考課結果により、各人が適用される賃率が、同じ号俸の中でも、考課ランクごとに用意された複数の賃率をもって設定される。つまり作り方としては、**6－4表**の標準賃率つまりB

系列に**6—1表**号俸表の各号俸賃金がそのまま入り、それよりもなにがしか加算された額がA系列、さらに増額されたものがS系列に記入され、また標準B系列賃率よりも一定の額が減額されたものがC系列、さらに減額されたものがD系列というように、五系列の賃率がBの標準賃率を中心として左右にセットされる。各ランク間の賃率差であるが、この作り方には、例えば四段階一致とか、五段階一致というように、さまざまの作り方がある。例えば四段階一致とは**6—4表**でみるように「1号のS」と「2号のD」が一致するあり方である。つまり一年遅れでSとDが一致する形が四段階一致である。五段階一致となれば、一年遅れでSと表にないEが一致する。そこで、5級について作り方を説明してみよう。

いま四段階一致の賃率表を作ろうとすると、5級の標準昇給額は四、○○○円であるから、これを四で割り、一、○○○円で賃率間格差を形成する。つまりBよりも一、○○○円高いものがA系列であり、さらに一、○○○円加算されたものがS系列となる。B系列より一、○○○円減額したものがC系列であり、さらに一、○○○円差し引いたものがD系列となる。

以上のように号俸表、昇給表、段階号俸表、そして複数賃率表という四つのパターンのいずれかにサラリースケールは置き換えることが可能となる。企業によってとられている賃金表の形は今日さまざまであるが、その原型的な類型は四つであり、あとはこれをさまざまに変化し、適宜組み合わせた形のものとなる。

3　賃金表と昇給方式

以上のように、四つの賃金表のパターンがあるが、それぞれの運用と性格を考えてみよう。

まず**6―1表**の**号俸表**であるが、これは毎年1号ずつ昇給する。原則的には昇給査定は行われない。能力の差は上位等級への昇格によって受け止められる。もし昇給査定をしようとすると、昇給期間のコントロールによって行われる。例えば成績の良いものは八カ月で1号俸進み、標準者は一二カ月、そして成績が劣る人は一五カ月で進むという形である。ただし、定昇込みでベア交渉を行う民間一般の場合においては、このような昇給期間によるる昇給査定は行いにくいから、**6―1表**の**号俸表**形式は、いわば査定なしのパターンであるといえる。官庁の賃金表は、この号俸表スタイルが一般であり、したがって、この号俸表は「公務員型賃金表」とも呼称される。

この号俸表の長所は昇給査定が行われないから、賃金表が簡潔であり、運用も明確である点である。また、昇給査定が累積されることもない。短所としては、従来昇給査定を行ってきていた場合、それが行われなくなることに対する違和感であろう。しかし本来昇格が能力によって確実に行われているならば、何も昇給査定をそのつど行う必要はないのであり、この号俸表はわかりやすくシンプルできわめて適切なパターンであるといえる。

さて**6－2表**の**昇給表**であるが、今日までわが国の多くの企業でとられてきた、いわゆる昇給テーブルがこのパターンである。この昇給表は、厳密にいえば賃金表とはいえない。なぜならば、初号も上限も、絶対水準として示されていないからである。ただ積上げ額としての昇給額が示されているにすぎない。人事考課の結果により、各人の昇給額はそれぞれのランク対応の昇給額が適用される。

長所は上限、下限がないから、かなり自由奔放に賃金を決めることができ、また体系改訂時などに現在の賃金を大きく修正することなく移行できる利点をもっている。短所としては、昇給査定が累積されること、中途採用者の賃金決定が困難であること、明確な賃率概念が欠如しているため、賃金の是正が難しいこと、などである。できればサラリースケールと併せ用いることが望まれる。

6—3表の段階号俸表であるが、これは毎年5号ずつ昇給する。そして例えば、人事考課がAならば6号昇給、Sならば7号昇給、そして逆にCならば4号昇給という形をとる。つまり、査定が行われる号俸表だといってよい。この段階号俸表の長所は、号俸としての賃率が示され、明確であることだが、短所としては昇給査定が累積されること、号俸が長く延び、賃金表としては複雑であること、などである。

最後の**複数賃率表**であるが、運用は、例えば初年度Aの者は1号のA、Dの者は1号のDの賃率が適用され、さて次年度、前年Aの者がまたAをとると、2号のAとなり、前年Dをとった者が再びDだとすると、2号のDが適用される。したがってA・Aと続いた者と、D・Dと続いた者の二人の間の賃金の差は、初年度も四、○○○円、次年度も四、○○○円で格差は拡大されない。つまり昇給査定は累積されないこととなる。もちろん前年Sをとった者が次年度にDをとれば、四段階一致の場合は賃率は同一となり、いわゆる一般概念としての昇給幅はゼロとなる。もし三段階一致の場合、極端なケースとして、前年Sの者が本年Dとなれば賃率は低下する。

すなわち、四段階一致形式をとっていれば、SとDが一致するから、いかなる場合にも賃率そのものが低下することはない。ただしかし、ここで複数賃率表はあくまでも賃率査定の考え方であり、昇給査定の考え方ではないことを確認すべきである。いわばSをとってきたものも本来はBであるが、B・S間の差額だけ毎月余分に加算されてきたのであり、年度末にはまたもとのBに戻り、さて次の年一つ進んだ号俸のいずれかの賃率が適用されると考えるべきである。したがって、前年Sでも本来はBからスタートすると考え、その場合、次年度にDに行ったとしても、賃率は上昇するのであって、決して昇給がマイナスとなったと考えるべきではない。

この複数賃率表は、等級ごとに賃率表が設定されること、SからDに移った場合、昇給がゼロだと考えられやすく、一般の理解、納得が当面は得られないことが若干問題であるが、長所としては人事考課による賃率査定が可能であり、さらにその査定が累積されない点で、極めて高いメリットをもっている。洗い替え方式とかリセット方式と呼ばれる。

4　賃金表の選択（昇給表から複数賃率表へ）

いずれの賃金表を選ぶかであるが、企業のこれまでの慣行や、労使の理解、納得によって判断されるべき問題である。ただし前節で述べたように、昇給表と段階号俸表は、昇給査定が累積される点においてあまり望ましいものではない。できれば**6－1表**の号俸表、または**6－4表**の複数賃率表を使うことが望まれよう。しかしこのためには、昇格が能力に応じて厳正に行われることが条件であり、もし昇格が年功的かつルーズに行われるのであるならば、昇給査定をせざるを得ず、昇給表か段階号俸表を選ばざるを得ないこととなる。

さてそこで、どの表を選ぶかであるが、従来かなり年功的であった賃金から、新しく職能給などを導入した場合は、各人の賃金が体系改訂時にあまり大きく変動することは望ましくないから、とりあえずまず昇給表から移行し、ただしサラリースケールをチェック基準として用意しておく。数年経過したのち、各人の賃金がある程度調整が行われた段階で

6－1図　賃金表の種類と特徴

種　類	運　用		型		品質	現在のシェア	現在の傾向
号俸表	能力評価 ⇩ 昇格	査定なし	明示型	公務員型	○	12%	→
昇給表	成績評価 ⇩ (昇給)査定	査定累積型	非明示型 (中途採用×)	大企業型	×	35%	↘
段階号俸表	成績評価 ⇩ (昇給)査定	査定累積型	明示型 (中途採用○)	中堅企業型	△	41%	→
複数賃率表	成績評価 ⇩ (賃率)査定	完全キャンセル型	明示型 (中途採用○)	商業型	◎	12%	↗

段階号俸表に移行する。さらに人事考課なども整備され、昇格などもきちんと行われるようになった段階で、複数賃率表へと移っていくあり方が最も適切であるといえよう。しかし、これも原則的なあり方であって、要はその時々の置かれている環境、条件により、最も企業に適した賃金表を労使で選ぶのが適切であると思われる。

第七章　賃金表の運用と改定

1　ベアと昇給ないし定昇の違い

さきにも簡単に述べたところであるが、賃金表は情勢の変化に応じてたえず書き替えていかねばならない。つまり賃金表の引き上げ、別の表現をすればベースアップ、略してベアである。ベアとは賃金表改定という意味である。

一方、労働者はたえず仕事や能力や年数が伸びていく。つまり成長する。労働者が成長すれば当然、賃金表の中でその場所を上方へ移動していかねばなるまい。これが、いわば昇給である。昇給は労働者個人の成長を受け止めるものであり、ベアは日本経済や産業や企業の成長を受け止めるものである。昇給の中、定期的に全員が適用されるものが定昇である。これらは、まったく別個のものであるから、これを混同した賃上げをしないようにすることが肝要である。

賃金表を設定し、ベアと昇給と定昇を区分し、それぞれを一定のルールに従って確実に実施していくことは、これからの賃金を決定するうえにおいては欠くべからざる条件となろう。

ベアは物価上昇とか初任給上昇および生産性向上によって行われるものである。昇給ないし定昇は各人の仕事や能力や年数や年齢をベースとして行われるべきものである。定昇は賃金表を設定した段階において、毎年どれだけの定昇が実施されるかは、労使の間ですでに決められた約束事であるから、それはそのつど交渉されるのではなく、一定のルールに従って実施されるものである。

つまり定昇は制度として賃金表に従って行われるもので、毎年そのつど交渉するものではない。ベアはもちろん交渉によって決まるものである。

また昇給は、必ずしも一定の時期に全員が行う必要はない。年間に例えば四回の時期を決めておいて、そのつど該当する人を昇給させていくといった方式でもよい。いずれにせよ、あらかじめ時期を決めておき、年に一回とか二回昇給を実施する。つまり昇給や定昇システムを確立することが望まれる。

わが国においては、定昇とベアを込みにして労使が賃上げ交渉をする習慣が一般的であるから、あまり年間に昇給を分割して行うことは、実際には技術的にかなり難しいものとなるのが実情であるといえよう。

さて一方、すでに明らかなように、生産性向上に伴う賃金引上げや、物価上昇に伴う賃金改定は、あくまでもベアという形で実施されるべきであろう。もちろん、初任給上昇に伴う賃金調整もベアの問題である。賃金表のゆがみの是正も、ベアを通して行われるべきであり、物価上昇、初任給上昇、生産性向上と関連させながら、望ましい方向で賃金表の改定が行われることが望ましい。

2 定昇のあり方

1 定昇の意義

賃上げ率が二%前後というように小幅である場合には、その中に占める定昇は大きな意味をもつ。しかし、賃上げ率が一〇%かそれ以上というように大幅の段階では、せいぜい二〜三%程度の定昇はベアの陰に隠れ、その積極的な意義は失われ、むしろベアと定昇を分けて考えることからくる硬直性のゆえに定昇は邪魔となり、いっそのことベア、定昇の区分を廃止してしまおうとする考え方も出てくる。しかしながら二〇世紀はベアの時代であったが、二一世紀は定昇の時代であり、今後一層定昇の重要性は増大する。

ともあれ、賃上げ率の大きさがどうであろうと、ベアと定昇はそもそも性格が違うので、両者をはっきり区別して実施することが大切である。

賃金表をもたず、したがって賃金表を書き替えるという形でベアが行われていない場合、定昇とベアの区分は、曖昧となる。いわゆる定昇込みで平均いくら上げるという形でベア交渉が行われ、妥結した賃上げ額を、事後的に定昇いくら、ベア分いくらというように政策的に配分するあり方は正当でない。

賃金表を書き替えるのがベアであり、賃金表の中で各人の年齢や年数、仕事、能力の伸びに応じて賃金カーブの上を各人が一刻みずつ上がっていくのが昇給ないし定昇である。ベアは個別賃金の問題であり、定昇は個人別賃金の問題である。各人の賃金つまり個人別賃金がどのような相互間隔をもち、その格差がどのように形成されていくかは、各人にとってきわめて重要な意味をもつ。つまり昇給ないし定昇こそは賃金問題の本質、いわゆる個別間の賃金格差形成の重要な基準として意味をもつのである。

したがって賃金表を設定し、賃金表自体を書き替えるベアと、賃金表の中で各人が定期

7－1図　昇給と定昇

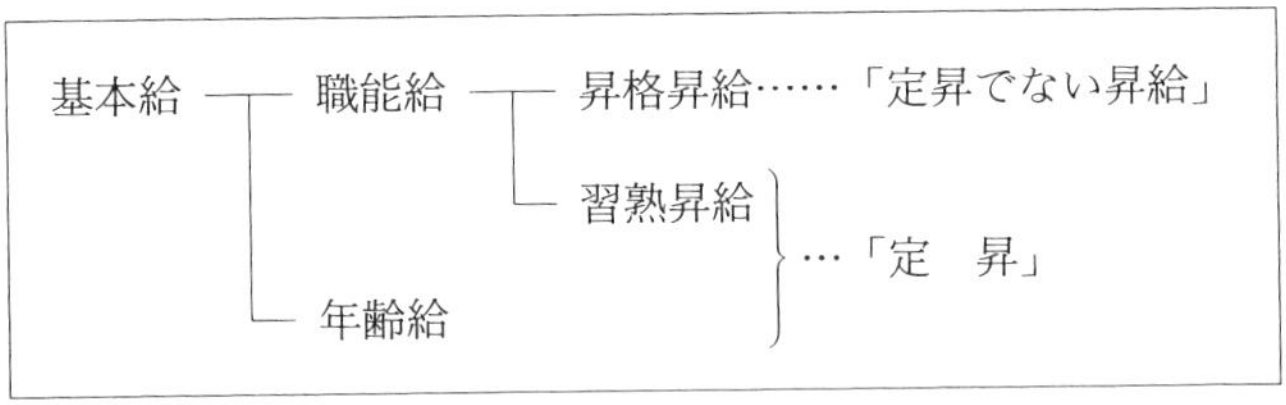

的に昇給していく両者を明確に区分する場合においては、定昇は十分意味をもつこととなる。いやむしろ、公正な個別賃金（銘柄別の賃金）を決定していくうえにおいて、このようなベアと定昇の明確な区分と実施は、今後ますます重要な意義をもつのである。したがって賃上げ率がどうであろうとも、定昇について、労使は正しい意義とそのあり方を確認し実行していくことが重要であろう。

2　昇給と定昇

さて、定昇であるが、そもそも昇給は、その性格からして二つのものからなる。

昇給
- 定期的に組合員の大部分が適用され恩恵を受けるもの（定昇）
- 右に該当しないもの（定昇でない昇給）

つまり、昇給は「定昇」と「定昇でない昇給」の二つに分かれることになる。

定昇はその性格からして、賃金交渉時の賃上げの中におり込んで議論するのも、今日的にはやむを得まいが、定昇でない昇給は、賃上げから除外することが適切であろう。

さて、現実に昇給の中で、どこまでが定昇の範囲の中に含まれるのであろうか。

7－1図をみていただきたい。右に述べた定昇の概念からして、昇格昇給は定昇でない昇給であり、他の昇給部分が定昇であるということになろう。昇格昇給は、その運用の性格、運用の時期、適用範囲からして定昇にはなじみにくい。昇格昇給を定昇の中に入れると、その実施が労使の配分交渉の対象となり、それは労使双方にとって、望ましいものではないことになる。

今後、昇給制度を整備し、定昇の範囲を労使間で明確にすることが望まれる。

3　定昇の大きさ

昇給率ないし定昇率とは、全員について昇給ないし定昇を実施した場合、その時点で賃金が何パーセント上昇するかであり、定昇原資率とはそのような定昇によって年間の原資がいくら増大するかである。

7－2図　定昇の大きさ

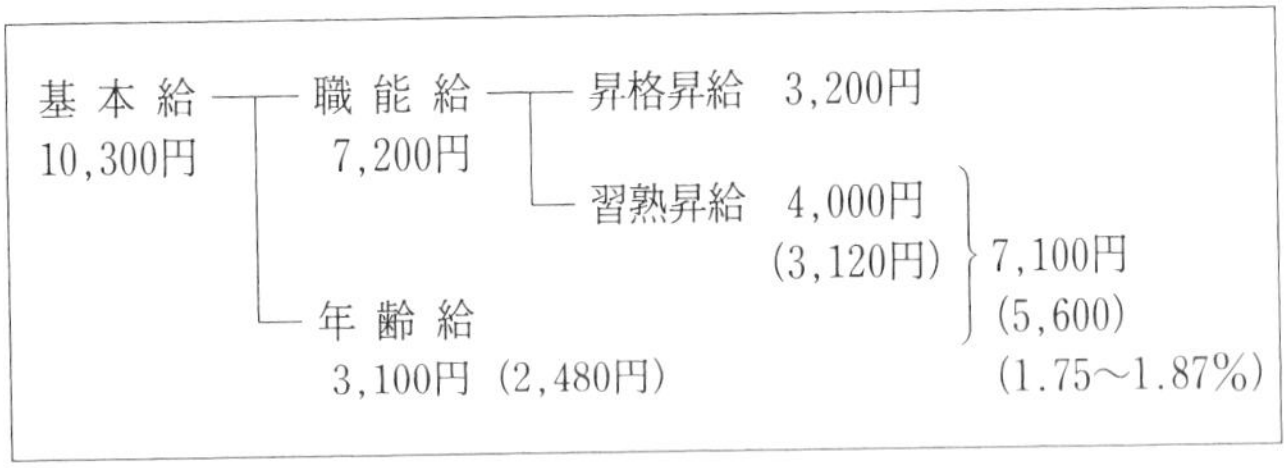

年間の定昇原資率は、年間の従業員の新陳代謝の度合いによっておのずから異なる。つまり新規採用が多く、若返れば定昇原資はほとんどなくてすむ。年齢別の入離職のローテーションが行われていれば、定昇原資率は各人の定昇率の平均よりも、はるかに小さいものとなる可能性をもっている。いわゆる定昇の目減りである。

また昇給基準線は額的にはほぼ直線であるが、率的にとらえると高年齢ほど逓減したものとなるから、若年層が多いか、中高年層が多いかによっても定昇率は変化する。このように定昇率そのものは各年齢、各技能段階によって、ほぼ世間相場的なものはあるが、そのような昇給を実施することにより、どれだけの原資が必要であるかは、新陳代謝の度合いや年齢別労働者構成の状況によって異なるものとなる。

それでは、一般に定昇率はいくらであるかを考えてみよう。モデル賃金における昇給カーブの傾斜（一歳当たりの基本給ピッチ）は平成一八年現在で、ほぼ基本給で一八～四〇歳までの平均で一〇、三〇〇円前後である。つまり、年齢が一〇歳違えば一〇三、〇〇〇円、二〇歳違えば約二〇六、〇〇〇円の差があることとなる。

これで定昇をとらえると**7―2図**でみるように、年齢給と習熟昇給を合わせて七、一〇〇円となる。しかし組合員ベースの実効定昇率（基本給ピッチは四〇歳の課長と初任給の間で計算してあるので、組合員となるともっと低い）を計算すると、年齢給の二、四八〇円（三、一〇〇円の八割）と職能給の三、一二〇円（四、〇〇〇円の七八％）を合わせて五、六〇〇円となり、それは（組平基準内賃金を三〇～三二万円として）定昇率一・七五％ないし約一・八七％弱ということになる（**7―2図**のカッコ内参照）。

4　定昇額は年々増加する

定昇額は、すでにこれまでの説明で明らかなように、賃金カーブつまり昇給基準線の上を各人が上方へ一刻みずつ上がっていくのであるから、賃金カーブが額的に立てば、それだけ昇給額は増えることとなる。ところで、毎年のベア配分において、結論的にいえば、一般的に定率配分と定額配分の二つがある。

この場合、定率配分は昇給基準線を額的には立て、率的には不変とする。定額配分はその逆で、額的には不変だが率的にはカーブをねかせることとなる。したがって定額、定率の配分の割合がどうであろうとも（各企業の労使の配分政策によって、かなりまちまちであるが）毎年昇給カーブは額的には立ち、率的にはいくらかずつねることとなる。このことは、昇給額そのものは毎年同じものではなく、額的には少しずつ増額し、率的には少しずつ減っていくことを一般的には意味する。

つまり、さきほど述べた組合員一人当たり定昇額で五、六〇〇〇円前後は、平成一八年度現在の一般的な賃金基準線について例示した数字なのであって、この数字が今後ずっと同じものが適用されるわけではない。右の説明からも推察できるように、少なくとも毎年のベア配分のうち定率分だけは昇給カーブの角度を増やすことになるから、昇給額も定率分だけは増えることになる。

さて、ごくマクロ的に日本の今日の年齢別賃金格差、つまり賃金カーブの角度についていうならば、おおむね物価上昇程度は結果的には定率配分されるのが望ましいから、もしそうだとすると毎年の昇給額も、物価上昇分の程度は毎年増額する。このように昇給額は毎年増加するものであるわけだが、それにもかかわらず、いつまでも同じものを変えずに適用し続けることは、誤りである。しばしばそのような結果が、いわゆる中だるみとか、賃金の年齢間アンバランスを生ぜしめることとなる。

5　昇給査定とは

さて個別賃金の決定基準は、年齢、年数といった自動的なものと、一方、能力といった各人によって若干異なるものの二つからなる。

年齢、年数に対応する昇給基準線上の一刻みずつの上方移行は、当然いわゆる自動昇給としての意味をもち、ここにはおのずから査定の概念は入ってこない。しかし能力による昇給分は個人間でおのずから相違があるから、みな同じというわけにはいかない。当然、そこに昇給の格差がつけられることとなる。これが、いわゆる昇給査定の考え方であろう。

さて、その能力の問題だが、一般的に賃金制度で能力という場合、それは三つの側面で把握される。

7－3図　昇給の要素

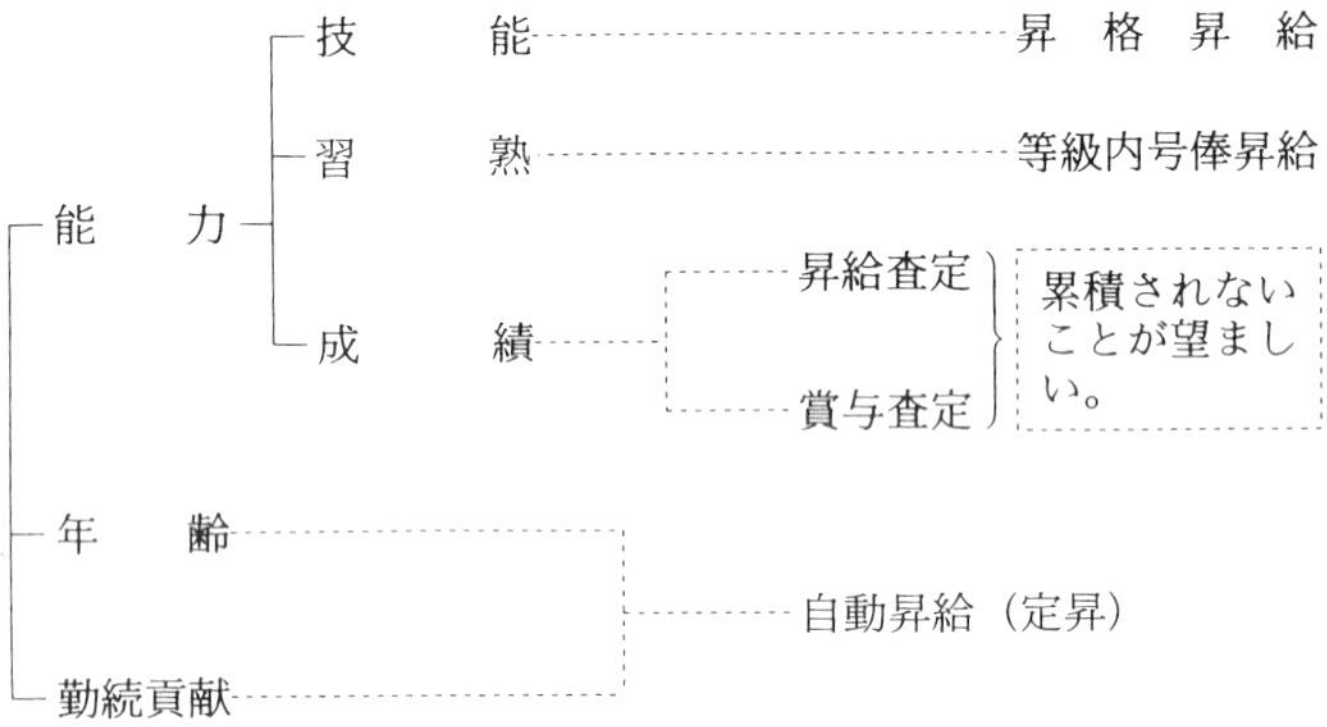

①　知識・技能

②　習　熟

③　成　績

つまり能力は、「技能の高さ」、習熟つまり「経験の長さ」、そして「職務の遂行度」つまり成績の三つによって把握されるわけだ。いわゆる昇給査定は、この技能、習熟、成績の個人間の変化の差を受け止めるものとなる。年功賃金の場合には、昇給はこれら技能、習熟、成績を渾然一体として把握しているため、技能の差が漸次開いていくことを反映させるために、昇給査定をつぎつぎに累積させていく形をとる。

累積させるとは、例えばある人がまず初年度に人事考課A（標準をBとしてそれよりも良い）をとれば、標準よりも高い昇給額を得る。次年度において再び人事考課Aであれば、いまもらっている賃金を起点として、さらに標準よりも多い昇給額が加算される。逆に標準より悪い能力ないし成績の伸びを示したものは、人事考課Cとなり、昇給額も標準的な昇給額よりも小さいものとなる。そして次年度において再びCをとれば(日本の人事考課は明確な能力基準、職務基準はもたず相対的な人間評価を行うから、Aと評価される人は、おおむね続けてAとされ、Cと評価される人は、おおむね連続的にCと評価される傾向が強く、その評価が変わることはあまりない)格差は拡大していく。

人事考課Aを毎年とる人と人事考課Cを毎年とる人とでは、各人の賃金はつぎつぎに毎年の昇給格差が累積され、賃金格差は漸次広いものとなっていく。これが、いわば査定の累積である。さきにもふれたように、年功賃金のもとにおいては技能の伸びの差を含めた昇給であるから、このような昇給査定の累積もひとつの意義をもつであろう。

しかしいまここに、仮に職能給を導入したとしよう。職能給の仕組みは職能資格制度が設定され、職能資格等級ごとに一定の賃金額（初号、標準昇給額、上限）が明示される。この場合、職能資格等級は各人の技能の高さの差をあらわすものであるから、等級が上がることによる昇給、つまり昇格昇給という形で技能の差は賃金に結びつく。したがって等級内昇給は、いわば習熟をあらわすものと考えてよい。となると同じ等級の中において例えば1号俸ずつ進むのは、それは習熟つまり経験年数の延びを示すものであるから、本来は毎年全員、1号ずつ昇給するのが正当であろう。能力の違いは昇格という形で処理されるからである。したがって原則的には職能給においては、等級内昇給は査定がないのが望ましいのである。しかし能力のもう一つの要素、つまり成績が賃金に反映されない場合(もし賞与の部分に十分それが反映されるならば、月例基本賃金に反映されなくてもよいのであるが)、若干問題もあろう。となると、これをいわゆる昇給査定という形で職能等級内の習熟昇給に反映させる立場も当然出てくることとなる。

これが職能給体系のもとにおける、いわゆる昇給査定なのである。ところでこれは、その年その年の各人に与えられた業務の遂行度の違いを示すものであるから、本来、技能の差のような形で昇給は累積されるべきものではない。つまり職能給における等級内昇給は、成績をベースとして査定が行われ、それは累積されないのが筋である。この点、昇給のあり方について、従来の年功給の場合と職能給導入後の昇給のあり方は、明確に区分、意識される必要があるわけだ。

6　等級内昇給と昇格昇給

(1)　範囲賃率と昇給

銘柄区分が細かくなればなるほど、品物の価格は精密に決定できる。しかし、銘柄区分が大まかである場合には、一つの区分の中に、かなり異質なものが混在することとなるから、値段をつける場合には、一定の幅をもって設定しなければならないことになる。

賃金表についても同じことがいえる。賃金表の場合、一定の幅をもったサラリースケールを設定したものを、既述のように範囲賃率（レンジレート）と呼ぶが、例えば職能給を導入する場合、基本給を一括して職能給とする場合は、かなり幅の広い範囲賃率とならねばならないが、基本給を年齢給、職能給といったように、きめ細かく設定すれば、職能給の各等級別サラリースケールはそれほど範囲は広くなくともよいこととなる。さらにまた、職能給や職務給は、職能資格等級とか、職務分類等級をベースとするが、この等級区分が、数が少なく大ざっぱであればあるほど、同一等級内に異質の能力や職務価値が混在することとなるから、範囲賃率の範囲は広くならざるを得ない。等級数が多く、精密になればなるほど、同一等級内のサラリースケールの上限と下限の間の範囲は小さいものとなる。
いずれにせよ、賃金表は、年齢給は年齢別で、きめ細かく設定されるから単一賃率でもよいが、職務給や職能給は等級数はせいぜい五〜一三級程度に限定されるし、そして基本給に占める割合が一〇%を超える場合が大半であるから、範囲賃率をとらねばならないこととなる。

さて、範囲賃率は以上の説明からも明らかであるように、それが職能給の場合、技能や習熟のレベルが一定の範囲をもって一つの等級の中に存在することを受けたものである。実際問題として等級数を五〜一三に限定するということは、それ以上に細かく能力を細分して、把握したり、評価したり、格付けすることが困難であることを意味する。また現に能力をそこまで細分して議論しても意味があるまい。

そこで、現実の運用上の考え方であるが、この範囲賃率間の能力の差は、知識や技能といったいわば技能差としてではなく、経験や習熟としての、いわば習熟差としてのとらえ方ということのほうが理解されやすい。したがって、範囲賃率の場合、その範囲の中において、毎年従業員は経験年数の延びに応じて、一定の額をもって昇給する形をとる、いわば習熟昇給である。

つまり、範囲賃率がとられている場合、同一等級内における昇給は、習熟昇給として位置づけられ、運用も行われる。習熟となると個人差はさほど大きくは認められないから、誰でも同じ幅で、いわば査定なしで昇給が行われることが望ましいであろう。ただし、習熟は同一等級内にとどまる限り（つまり同一レベルの知識・技能水準である限り）漸次逓減していくはずであるから、習熟昇給額も本来は漸次逓減していく形が正当であると思われる。

ところで、同一等級内の昇給に対しても、一般にいわゆる査定が行われるのが常である。この場合の査定基準を何にとるか、またどの程度とするか、が問題となるが、前述の理由からして、能力の伸びの微妙な差を反映するものが昇給査定と考えるのではなく、むしろ習熟は同じであるが、日常の業務の遂行度の差、つまり成績による差と考えるのが正当であろう。つまり、同一等級内における昇給査定は、能力の伸びの差を示すものではなく、その時の努力のあり方や、業務遂行度の差を反映させることによって、公平処遇を貫こうとするものであるから、それは昇給査定という形よりも、標準賃率に対して一段高い賃率、もしくは一段低い賃率というように、賃率査定で臨むのが正当である。

したがって賃金表としては、査定がつぎつぎに累積されていく昇給表とか、段階号俸表ではなく、むしろ複数賃率表をとることのほうが筋に合う。複数賃率表は昇給査定ではなく、賃率査定である。したがって査定が累積されないという意味において勝っている。

このように範囲賃率における昇給は、習熟昇給を基本とし、これにその時々の業績差をプラス・マイナスするというあり方が適切であるといえよう。

(2) 昇格昇給の機能

職能等級においては、等級間の賃金差は技能水準をあらわすものであるが、前記のように、同一等級でも習熟差や成績差を反映する形で賃金は幅をもって設定される。その際、下位等級であっても、長い習熟を経ている場合には、上位等級よりも高い賃金を受け取る者が出てきてもおかしくはないはずである。なぜならば、等級と範囲賃率の範囲とは、前者が知識・技能水準、後者が習熟水準という意味において、異なった次元のものであるからである。したがって範囲賃率の場合、等級と等級の賃率が、それぞれの上限と下限で重なり合うところの、いわゆる重複賃率をとることはいっこうにかまわない。シングルレートが正当であるわけではないし、また等級と等級の間の賃率が開いている開差型（または間隔型）が望ましいともいえない。

ところで、このように重複賃率をとるとしても、知識・技能は明らかに等級間で差があ

７－４図　習熟昇給と昇格昇給

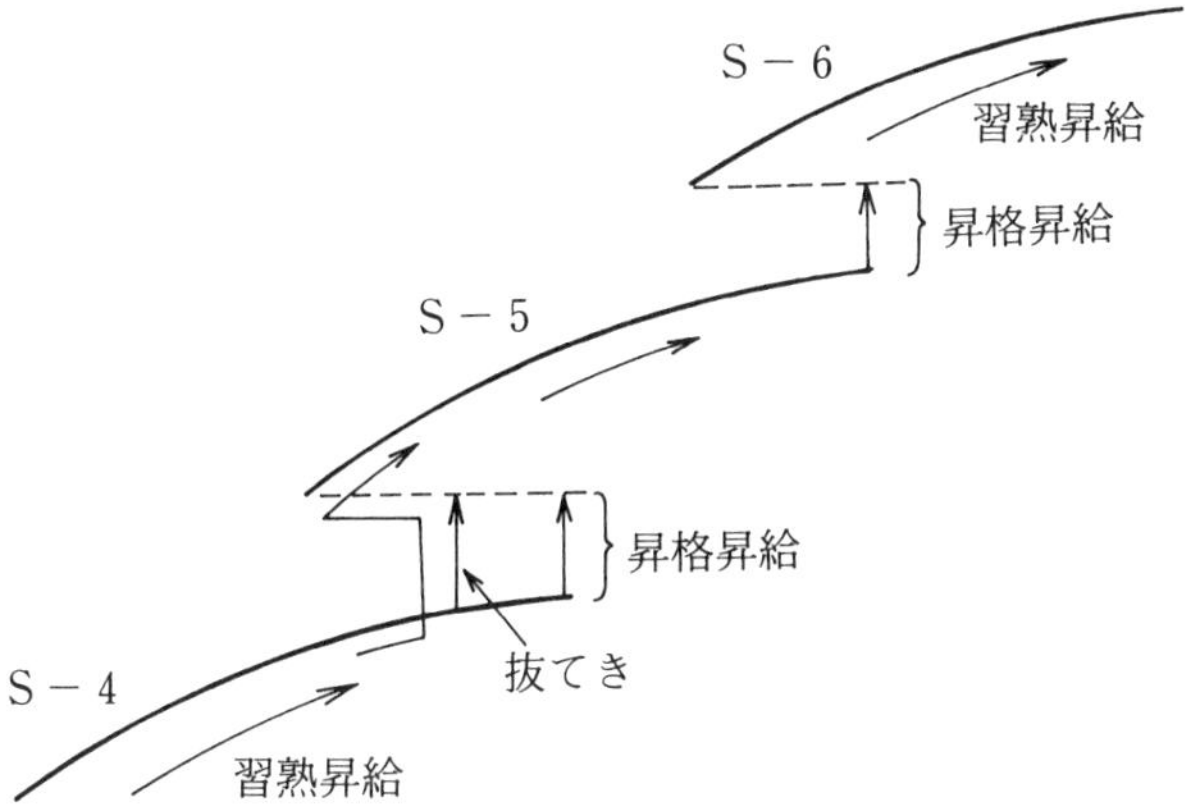

るのだから、各等級の標準賃率は、いうまでもなく上位等級ほど高く、かつ等級間には厳然として格差が存在することは否定できない。したがって、昇格時にあっては、たとえ重複賃率であろうとも、一定の幅をもって昇給が行われることが適切である。

このような昇格時の昇給を一般に「昇格昇給」と呼ぶ。職能給等の範囲賃率においては、この昇格昇給は不可欠である。能力や仕事が上がれば等級が上がり、同時に賃金も上がる、という一体感が望ましいからである。このような昇格昇給は、たとえ上限を超えたはり出し昇給者についても適用すべきものである。単なる横スベリの直近上位方式ではなく、一定の昇格昇給をしたうえでの直近上位号俸への移行という形をとるようにしたい。

そこで、この昇格昇給額の設定であるが、下位等級においてはまだ習熟の伸びは旺盛であるから、習熟昇給を重視し、等級間の知識・技能格差はあまり重視しないほうがよい。つまり、下位等級ほど習熟昇給額を大きくし、昇格昇給額をなるべく低めに抑えるあり方が望まれる。そして、上位等級に移行すればするほど、昇格昇給額が大きくなることが適切であろう。昇格昇給と習熟昇給の相互関連についてひとつのあり方をあえていえば、下位等級では昇格昇給額は習熟昇給額よりも低めであり、中位等級では両者はほぼ同じとなり、上位等級においては習熟昇給額よりも昇格昇給額の方が一段と大きくてもさしつかえない。つまり、上位等級に移れば移るほど、昇格昇給額が大きくなることが適切である。そして、例えば管理職能段階において、昇格昇給額が十分に大きいならば、等級内習熟昇給額は上位等級ほど、実額としても減っていくあり方も決して不適切なものではないものとなる。

今後、わが国の定昇は、一定の年数、年齢を過ぎたのちは、漸次制限されていくことが望ましい。それは具体的には、各職能等級に上限賃金を設け、その上限賃金を超えた場合には、昇給をストップさせるか昇給額を大幅に減額する方法と、さらに上位等級に移行するほど漸次習熟昇給の逓減幅を大きくし、かつ習熟昇給額自体も減らしていくというあり方の二つによって達成される。この場合、上位等級ほど昇格昇給額が大きくなるという条件がなければ、上位等級ほど習熟昇給を減らすということは納得されないだろうし、理論的にも正当でない。

(3) ベアと「昇給ないし定昇額の改定」

すでに述べたように、ベースアップとは賃金表改定のことであり、その賃金表改定に伴って、一般に昇給額も増える。なぜならば、今日、ベアの配分において、必ずなにがしかの定率配分があり、しかもインフレ時においてはこの定率配分の占める割合が大きいのであるから、賃金カーブは毎年額的に立っていく。つまり、昇給ピッチは毎年増えてゆくのである。ただし、賃金配分の中で、なにがしかは定額配分的な方法がとられるから、率的にはカーブは年々わずかながら縮小（ねてくる）していくこととなる。

昇給額は毎年ベアの定率是正分に見合って、増額されていくのが理論的に正しいものであることを確認したい。何年間も同じ昇給額を使っていることは適切ではない。最近、退職金などへのはね返りを恐れて、賃金表の書き替えを怠ったり、第二基本給や、加給の増額を行う企業も多いが、このことは昇給額を不当に低くし、昇給制度そのものを意味のないものにしてしまうおそれをもつ点において、十分に留意されねばならない。

例えば、ベア〇・二％のうち（この〇・二％には、いうまでもなく定昇は含まれない）、その三割（つまり〇・〇六％）が定率是正されたとするならば、年齢給の昇給額（ピッチ）も、そして職能給の昇給額（ピッチ）も、少なくとも〇・〇六％は増やす形で新しい賃金表が設定されねばならない。

つまり、賃金表の書き替えとは、スタートの初号賃金の修正と、昇給額（ピッチ）の書き替えの二つによって行われるといってもも過言ではない。

なお、仮に勤続給をとっていたとして、それが、例えば一年当たり三〇〇円……のように、一般にその昇給額は小さいから、ベアが小幅であるときにおいて毎年小刻みに昇給額を切り替えることは、賃金表に端数が生じ、かえって煩雑となるきらいもあるから、このような賃金項目については、数年間据え置き、まとめて書き替えるという方法もあろう。しかし、少なくとも、年齢給や職能給における昇給額は決して小さいものではないから、やはり毎年確実に書き替え、改定していくよう配慮されねばならない。

ところで、職能給における昇給額（ピッチ）の改定であるが、それは習熟昇給額の書き替えと、昇格昇給額の改定の二つからなる。もちろん、いずれも修正されねばならない。

ただし、この場合、前節で述べたように、下位等級ではなるべく習熟昇給を中心に書き替え、昇格昇給はあまり急激に増額しないように考慮する。そして上位等級では、むしろ習熟昇給額はわずかな改定にとどめ、昇格昇給分を強めに増額していく形が望まれる。

このようにすることにより、上位等級における範囲賃率が相対的に漸次縮まり、上限と下限の間の号数が減り、賃率の重複の度合いが改善されていくこととなる。下位等級においても、あまりにも重複の度合いが大きい場合には、年々の賃上げ時に、範囲を狭め、重複度を改善していく姿勢がとられるべきではあるが、すでに述べたように下位等級ではむしろスムーズな昇給が行われることのほうが望ましいのであって、昇格した者と昇格しない者との賃金があまり大きく格差がつくあり方は、習熟が深まる職能発展段階の賃金としては、決して適切なあり方であるとはいえない。

(4) 昇給制度の設計と配分

企業によっては、まったく査定を行わないで年功昇給を行う企業とか、やたらと査定を賞与にも昇格にも昇給にも反映させるといったような企業など、昇給のあり方はまちまちであるが、できるだけ昇給は全体的にバランスのとれた形で設計されることが望まれる。年齢給における昇給は自動昇給であり、また同一等級内における習熟昇給は査定が累積されない形の査定昇給としたい。つまり能力の差は昇格の場で集約して反映させるべきであろう。ただし、成績の差や、努力や執務態度の差は、ある程度は昇格に反映させるとしても、短期的な刺激性、公平性の意義という意味においては、同一等級内昇給に反映させることが考えられるのであるが、その場合、査定が累積されないような複数賃率表のような形で、賃率の査定が行われることが適切である。

このように自動昇給、能力による昇給、さらに成績や意欲・態度による昇給査定などを、整然と昇給制度の中に盛り込むことが望まれる。そのあり方はさまざまな方式があるのであるから、労使でよく話し合い、企業の形態や、これまでの慣行や、全員の納得のされ方などを考慮して設計されるべきであろう。

なお、昇給の配分を、年齢給昇給、昇格昇給、習熟昇給額などにどう行うかであるが、すでに述べたように今日的な姿でいうならば、昇給分（基本給ピッチ）の約三割は年齢給に回し、昇給昇格は職能給昇給額の約四割程度、そして残りが習熟昇給となる程度が望ましいといえよう。

3　ベアの考え方

ベアは生産性向上や物価上昇に伴う賃金表改定の問題であるから、確実に賃金表を書き直すこととしたい。各人の賃金を全員について号俸をいくつか進めるといったような形で、いわゆる昇給の形でベアを済ますことはできるだけ避けたい。

または賃金表を書き直さずに、別の加給というような形で賃金を積み上げたりするような方法をとることが便法的に考えられないこともないが、いずれは賃金表自体を大きく書き直さなければならず、かえって問題を大きくするといえよう。昇給によってベアの肩代わりを行うとか、加給方式をとるなどすれば、個別賃金のゆがみが大きくなり、そこから問題も生じかねない。やはり賃金表を設定し、賃金表を生産性向上や物価上昇に伴い、確実に書き直していくといった方式をとることとしたい。

賃金表を書き直すと、それによって賞与がふくれ上がったり、退職金がふくれ上がったりするから、書き直すのはやめるといった考え方も多いが、退職金や賞与自体がふくれ上がる方式をむしろ何らかの形で防いでいくのが本筋であって、退職金がふくれ上がるから賃金表を書き直さないというのは、本末転倒といわざるを得ない。

さきにも述べたように、賃金表はいわば労働力の定価表であるのだから、情勢が変われば当然価格改定を行うのが筋であり、また、そのようにするのが最も賃金管理を容易にする道であるということを念頭に置きたい。生産性向上、物価の上昇などがあれば、当然賃金表の改定を労使で考えていかねばなるまい。

ところで、そのような変化を、いまの日本においては一年に一回受け止め、毎年一度賃金表の改定をする情勢にある。しかしながら、必ずしも毎年書き替えられねばならないという理屈はない。むしろ、毎年一定の時期に、例えば春の賃上げとか秋の賃上げとかのように、そろって賃金表を書き替える習慣はわが国特有のものといえよう。

ヨーロッパにおいても、またアメリカにおいても、賃金表書き替えの時期は、ある場合には一〇カ月、またある場合には二四カ月といったようにまちまちであり、必ずしも同一ではない。日本でも最近、二年協定とか三年協定といった形をとる労使が増えているが、それも適切である。つまり物価や生産性の向上などが激しく変動し、ある一定の限度を超えた場合、労使は賃金表の改定の交渉を行うことになる。もちろん、一定の協約期間が終了すれば、それらの大きな変動がなくても交渉は開始される。

以上のように、賃金表の改定はいまのところ毎年または複数年おきに必要であり、それには一定の基本原則があることを労使で確認し合うことが、公正な個別資金をめざすプロセスとして重要であるといえよう。

ところで、以上はあくまでも現在の自社における賃金の個人間のバランスが、または賃金表自体が、すでに公正な状態にあることを前提としたものである。実際には自社の賃金は、同業他社に比べ大きく遅れている場合もあれば、また賃金表の現状が大きくゆがんでおり、修正を必要とする場合もあるであろう。また、個人別にみて昇給遅れを是正しなければならない場合も、当然あることとなる。

4　ベアと賃金表

1　物価上昇に伴う改定

ベアが物価上昇程度、またはそれを下回るときは、配分は原則的には定率で受け止めることが適切である。基本給が、例えば年齢給、職能給の二本立てに分かれているような場合、いずれの項目も同じように定率に是正すべきである。たとえ年齢給が退職金に結びついているとしても、原則的には定率で修正するようにしたい。

昔の話であるが昭和四〇年代の前半までの賃上げにおいて、労使はしばしば年齢別賃金格差を縮小するために、一律定額配分の方式を大きな比重でとってきたが、それはそれなりに意味があったとしても、そのような方式は中間層の中だるみや、または中間層の生計費上昇に対する相対的遅れを結果的にもたらし、そこに、新しい賃金の矛盾や不満を生ぜしめるに至ったことに留意すべきであろう。

物価上昇分については、原則的考え方としては一定の比率（定率）でこれを受け止めるようにしたい。もちろん、物価上昇分を一定の比率で掛けることによって、賃金表はいろいろの端数を生ずることになるが、これは一定のラウンドナンバーにまとめ、賃金表らしく修正せざるを得ないことは当然である。

ところで、この物価上昇は、消費者物価でみることとする。消費者物価指数は、総務省統計局が毎月発行しているもので、狭い意味での「生活物価」を意味するところのものである。

消費者物価指数（略称C・P・I）は、生活に必要な品目とサービスを選び、この品目について総務省統計局が価格の前月に対する上昇率を毎月調査（小売物価統計調査）し、これを家計内容ウエイトによって総合したものである。家計内容ウエイトは、ある一定の時期の平均的なものが固定されて（ラスパイレス式）とられる。この場合、家計内容は当然、人によって異なることとなる。したがって消費者物価指数も厳密にいうならば、個人個人によって数値は変わらなければなるまい。しかし、実際一人ひとりによって消費者物価指数を算定することは不可能であるから、平均的な家計内容をウエイトとしてこの指数は算定されている。したがって問題は二つある。

一つは、まず、ウエイトとして採用される基準時の家計内容は、その後の時間の経過につれ、価格体系、利用しうる商品構成、さらには生活環境等の変化が進み、それも今日にあっては、かなり目まぐるしく変わっていくわけで、そうなると、基準時が遠ざかれば遠ざかるほど商品もウエイトも現実離れすることとなり、消費者物価指数は必ずしも実際の生活物価の動きを反映しないこととなる。現在、基準時は五年おきに改定されているわけだが、この改定時期に近づけば近づくほど、一般的にゆがみが大きいこととなる傾向をもつ。

第二は、家計内容は当然、所得階層別または世帯人員別によって異なる点であろう。これによって消費者物価指数も本来は違ったものとなるはずである。つまり、所得階層別C・P・Iや世帯人員別C・P・Iが必要であるわけである。現在の消費者物価指数はあくまでも平均的な家計内容を反映するものであるから、それが低所得者層や、またはきわめて高所得者層の消費者物価指数を必ずしも十分には反映しないし、また一人世帯と三人世帯と五人世帯とでは当然物価指数の動きは異なるものとなるであろう。特に現在の消費者物価の上昇は食料費、住居費および教育費などの、いわゆるサービス料を中心とした雑費を中心に上昇しているわけで、これらは所得階層や世帯人員の多少によって、その支出ウエイトはかなり変化するから、その結果としての消費者物価指数も変化する可能性をもっていることとなろう。

しかし、実際の動きをみると、費目別の変動によって打ち消し合う形となり、それほど差が出ない。例えば、所得が高くなればなるほど、食料費の占める割合つまりエンゲル係数は低下するが、逆に雑費の割合が高まっていく。逆に所得が下がれば下がるほど、雑費の割合は減るが、食料費の割合が高まる。そこで例えば食料費と雑費の上昇が共に目ざましいなら、これらが相互に打ち消し合う形となってしまう。

そこで現実としては、所得階層別で消費者物価指数を試算しても（総務省統計局ではこれを行っているが）実際にはほとんど差が出ない。

さて、次に消費者物価指数そのものの性格ではないが、物価上昇に伴う賃金改定にあたって労使で論争される問題として、物価上昇率をどのような時点間比較で取り上げるか、である。過去一年間の物価上昇を反映させるのか、それともこれから向こう一年間の物価上昇の見通しをもって修正するのか、それとも賃上げ時点を中心とした一年間（過去半年と向こう半年間）の物価上昇を取り上げるかである。この問題は、考えようによってはたいへん厄介な問題だといえる。過去の物価上昇を賃金にはね返らせるという考え方をそのまとるならば、賃上げが終わった日からすでに物価上昇は始まるのであり、その後も物価

7－5図　賃金と物価

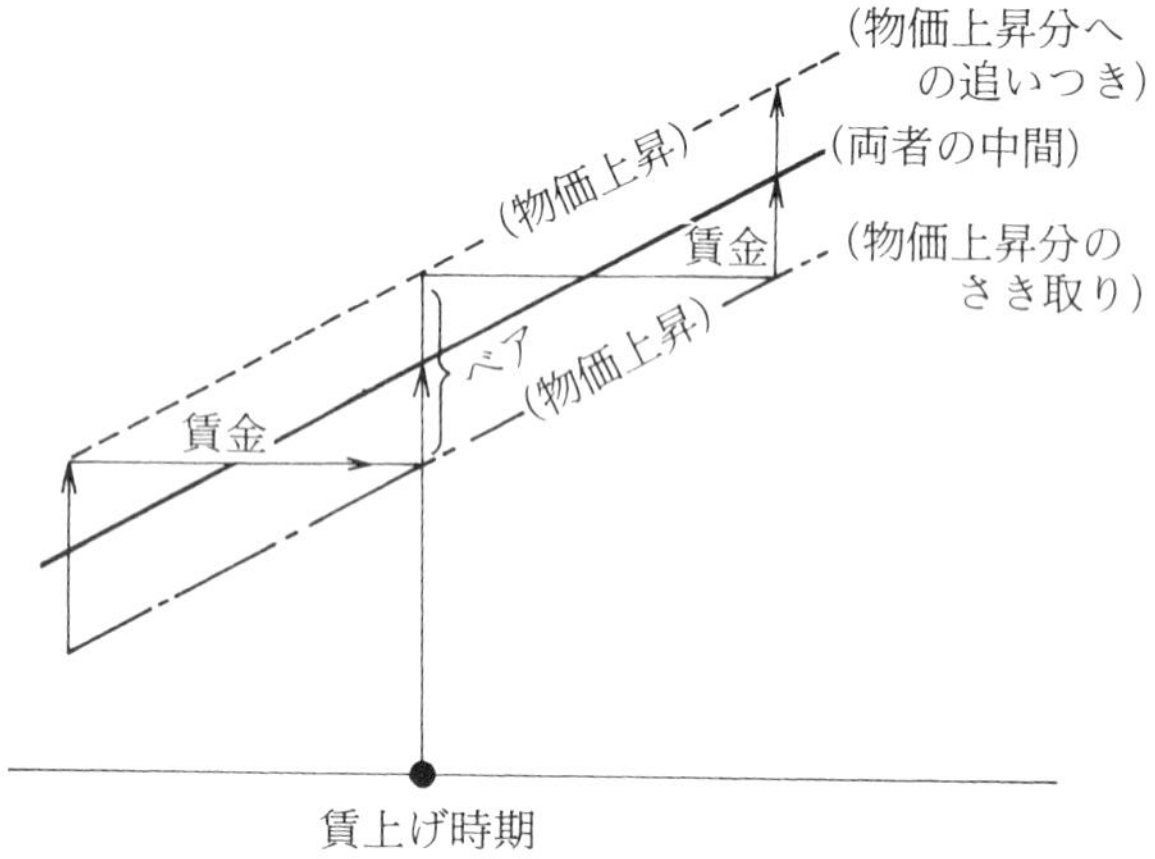

上昇が続くのであるから、その後の物価上昇分は実質賃金にくい込んでいくこととなる。またこれからさき、一年間の物価上昇分を春の賃上げにおいてさき取り修正するという立場であるならば、これはすでに賃上げ時において物価上昇分を文字通りさき取りしたこととなる。それは**7－5図**で示すような形である。

春の賃上げが、はたして過去の物価上昇分の賃上げなのか、それともこれからさきの物価上昇分のさき取りなのか、これは最初の賃上げがどのように、いつ行われたかによって決まる問題である。ニワトリがさきかタマゴがさきかという議論と、まったく同じであろう。望ましいのは過去一年間の物価上昇と今後の一年間の物価上昇の見通しを推定したものを勘案しながら、賃金表の改定を行うことであるといえよう。しかし実際問題としては、これからさきの物価上昇の見通しはたいへん難しい。

したがって、考え方としては物価上昇分をともかく賃金にはね返らせ、実質賃金を維持するという立場をとりながら、これに一定の生活水準向上分を上乗せしていくという仕組みをとらざるを得ない。

また、年平均をとるか、年度平均をとるかも問題があるが、できるだけ交渉時における最近の資料を用いることが肝要であろう。また、例えば三月といったように、ある特定の月のものを取り上げ、前年同月に対する上昇率をもって比較することも考えられるが、これにも若干の問題がある。なぜならば物価は月によってかなり大きく変動しており、一方、賃金の引上げはそれによって向こう一年間の水準が決められるものであるからである。月別に賃金の改定を行うわけではない。そのように考えると、年と年または年度と年度、または三カ月平均と一年前の三カ月平均の物価上昇率といったような形で把握されるべきであろう。

なお、このような物価上昇を基本給以外の諸手当にまで反映させるか否かであるが、筋としてはそうだが、実際問題としては必ずしも自動的に反映させる必要があるとはいえまい。なぜならば基本給以外のこれら諸手当や臨時給与は、あくまでも基本給の不備を補い、かつわれわれの社会生活、労働環境の整備の遅れをまかなうものであるから、それはいわば雑誌の付録みたいなものである。本誌がお粗末であるから、付録がついているのである。したがって本誌を充実していく過程で漸次付録を縮小し、基本的に吸収していくことは当然のことといわざるを得ない。そこで、手当一つひとつの性格を労使でよく検討し、基本給の引上げが行われれば、それに伴って縮小すべき性格のものについては、必ずしも物価上昇をそのまま反映させる必要はないのではあるまいか。該当する手当の物価上昇分は、基本給のほうでふくれ上がらせるという考え方をもてばよいと思う。

以上要するに、物価上昇はできるだけ定率で、基本給の全面にわたってこれを修正する立場をとりたい。

2　初任給上昇と賃金表改定

もし初任給の上昇をベア率と同じか、むしろそれよりも小さい程度で済ますことができる場合には、一般のベアの結果として初任給を決定すればよいから、ことさら問題は生じない。また初任給の上昇率がさして大きくなく、在籍者とほぼ同じ程度の場合においては、定率配分を重視して初任給を決定すればよいし、さらにベアゼロの年においては初任給は凍結ということになる。

わが国の初任給とベア率との関連を過去の推移でみると、昭和三〇年代の後半から昭和四七年ごろまでは若年労働市場の需給が極端に逼迫をし、労使の初任給政策などもあって初任給は大幅に上昇し、不況の年を除けば、たえずベア率を上回る上昇率であった。その後昭和四八年以降となると、労働需要は緩和され、初任給をベアの配分結果としてほかの個別賃金よりいくらか高い程度で決定する傾向で推移した。

その後昭和六〇年以降、再び初任給上昇がベア率を大きく上回る動きに転じてきており、ベアと初任給との調整を難しくしていた。だが、最近では初任給上昇は極めて鎮静化している。したがって基本的には、ベア率で初任給を改定すればよいし、それが最も適切でもある。

3　改定上のポイント——昇給額の増額

さて賃金表の書き替えであるが、最も重要なポイントは昇給額（ピッチ）を増額させる

7－6図　定率配分と定額配分

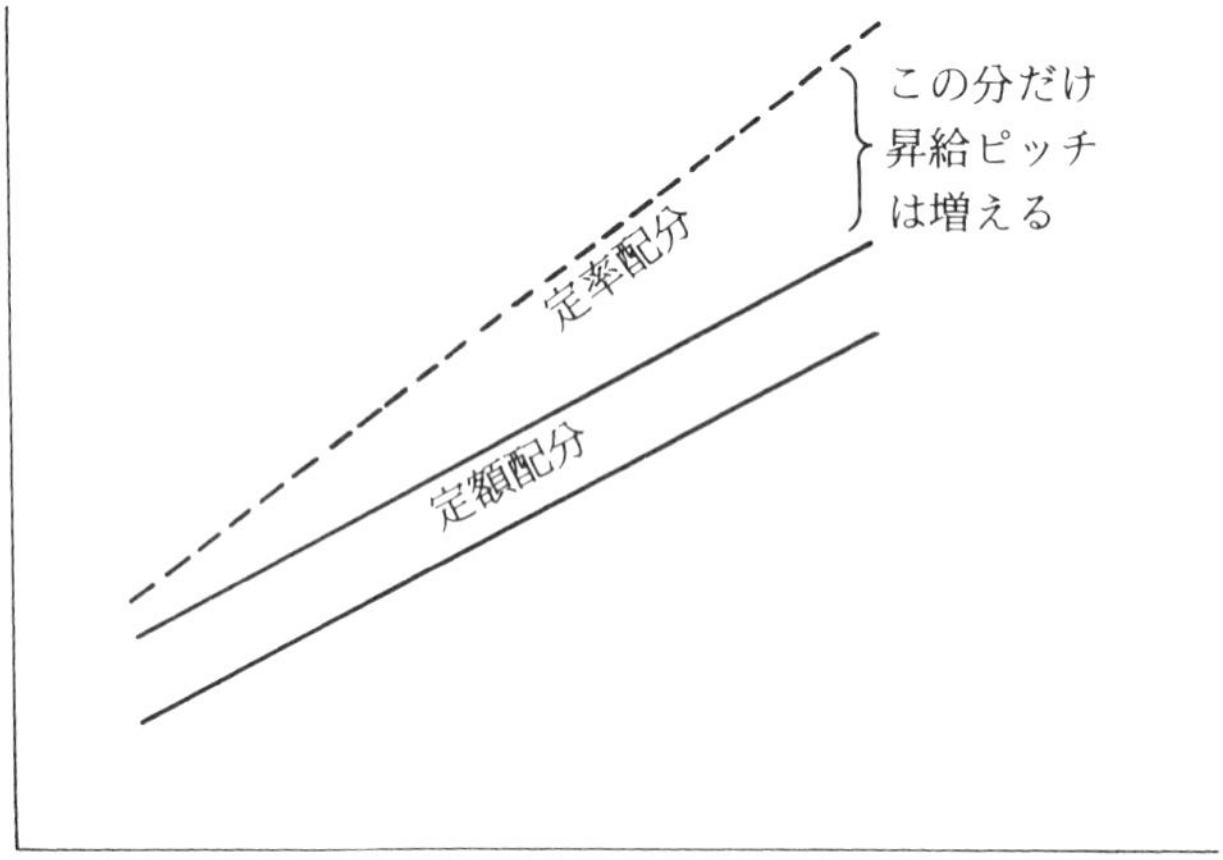

という点である。一般的にベアは、おおむね「定率配分」、「定額配分」、および「是正とか調整」という三つの形で行われるのが普通である。

この場合、定率はすべての賃率が同じ割合で引き上げられるのであるから、昇給傾斜、つまり昇給額自体も同じ割合で増加されることとなる。例えば、いま仮に〇・二％の定率配分があれば、昇給額も〇・二％増えることとなるわけである。一般に消費者物価の上昇程度は定率配分を行うことが適切であるから、本来は、昇給額は原則としては毎年物価上昇分程度は引き上げられ、修正されることが望ましいことになる。そして定率配分は原則的には年齢給にも職能給にも及ぶものであるから、昇給額（ピッチ）についてもそれぞれの賃金項目の昇給額（ピッチ）が増額されるわけだ。

4　年齢給表の改定

年齢給を改定するには、まずスタートの一八歳賃金を修正し、次に昇給額（ピッチ）を前項で述べたような形で増額し、これを積み上げながら新しい賃金表を作っていくことになる。つまり賃金表の書き替えは、スタートの修正と、昇給額の補正の二つからなる。

さて、年齢給部分と職能給部分の構成割合をできるだけ修正しない方向が望ましいと労使が判断する場合には、一八歳の年齢給のスタートを新しく決めるに際しても、従来の初任給の中に占める年齢給部分の割合をそのまま新しい初任給に乗ずることによって、スタートを設定することが適切である。もし比率を変えようとすれば、初任給についても、年齢給と職能給の割合を従来に対し変えることになる。

つまり、ベアは定率と定額の二つよりなるが、定率は年齢給にも職能給にも乗ずるとして、定額分については現在の年齢給部分と職能給部分の構成割合でそれぞれに配分すれば、結局、現在の基本給構成の各割合は変わらないことになる。このことは、新しい初任給の、従来と同じ一定の割合に相当する額をもって一八歳の年齢給額とすればよいことを意味する。

5　職能給表の改定

職能給表の改定においても基本原則は同じである。新規学卒者が入る等級、つまりJ－1級（高卒）、J－3級（大卒）の初号賃金は、それぞれの初任給から一八歳、二二歳の年齢給を差し引いた形で設定される。

次に昇給額（ピッチ）については、すでに述べたように定率配分に見合って増額したもので設定し、これを積み上げる形で新しい職能給表を作ればよいこととなる。

以上のように職能給表についても年齢給表についても、要は「初号値の修正」と、「昇給額（ピッチ）の増額」の二つをもって行われるわけだ。ただし職能給表の改定にあたっては、特に次の点に留意する必要があろう。

下位等級については、等級間の賃金格差はあまり大きく開くことは望ましくない。つまり、①昇格しない人と、昇格する人の間の賃金格差が大きくなりすぎる、②昇格する際に賃金が大幅にはね上がるので全体的に賃金が不安定となるおそれがある、また、③昇格前の人たちの賃金は世間相場に比べ低く、昇格後は世間相場に比べ高いというように、社会的賃率との比較においても問題の多いことになりかねない、といった事情があるからである。

そこで下位等級においては、なるべく等級間格差が開かないようにすべきで、そのためには確実に等級内の習熟昇給額を毎年こまめに、少なくとも物価上昇分程度は増額させていくという配慮が望まれる。

これに対し、例えば管理職クラスのような上位等級では、むしろ等級内の昇給額はあまり大きくしないようにし、等級間の格差は広げる。つまり昇格昇給額は増額させるといった姿勢があってよいだろう。

しかし、この場合も等級内の昇給額をまったく増額しないということは、下位等級とのバランスが崩れるし、特に今日全体的に定額配分の比重が高いとしても、等級内昇給額をまったく無修正ということにすると、それが上位の管理職クラスだとしても、やはり等級間の賃金格差が開きすぎ、矛盾や不安を生ずることになりかねない。管理職クラスでは級内昇給の額はあまり増やさず、等級間の格差を広げ、職能給を開差型または接続型に近づけていく努力がなされるのも望ましいと思われる。

6　ベアと諸手当

ベアというのは「基準内賃金」の引上げであるといってよい。したがって基本給の増額は当然として、基準内に含まれる種々の手当も増額されることが筋としては望ましい。物価上昇分程度は定率配分することが望ましいとさきに述べたが、この場合の定率配分は手当にまで及ぶところのものであるから、手当も毎年検討されることが望ましく、それは、できるならば物価上昇分程度を原則とすることがよいと思われる。

ただ、ここで注意しなければならないのは、手当額を修正するとしても、いろいろあるすべての手当を一律に、一定の割合でコマ切れに増額するのは決して賢明な方策であるとはいえない。できるだけ一つの手当に集中し、その手当をほかの手当の増額分まで含めて引き上げていく形が望まれよう。

ところで、特に中高年層において生計費と賃金のギャップが増大しているとすると、中高年層の賃金をダイレクトに救済する意味を含めて、家族手当を増額することが適切である場合もあり得よう。

したがって、このようなときは、できればほかの手当は据え置き、家族手当を集中的に

7－7図　ベアと定昇

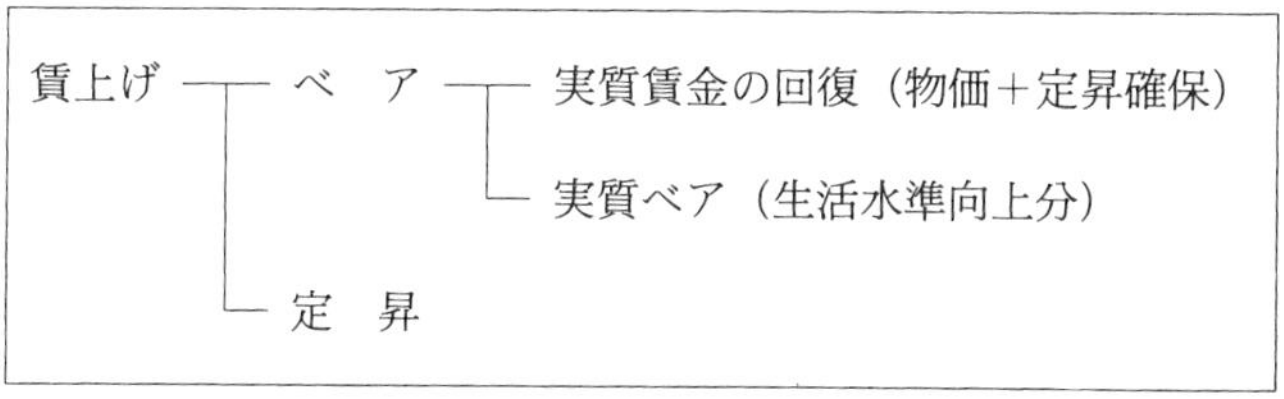

増額することにするのがよいということになろう。

なお家族手当、住宅手当、地域手当など、生活関連のいくつかの手当があるならば、できるだけどれか一つの手当に集約、整理してしまうことが望ましい。特に、なかでも家族手当の増額に力を入れるとか、それが無理ならば、いくつかの手当を順次交代で増額していく。例えば今年は家族手当、来年は住宅手当というように循環的に考えて世間相場に合わせていくこともよいだろう。要は、本来ならばすべての手当が物価上昇分程度引き上げられることが望ましいのだが、しかしバラバラでなく集中項目を決めて是正をはかっていくこと、または一定のローテーションを組みながら世間相場に見合わせていく配慮が望ましいわけだ。

7　生産性向上とベアと個人別配分

例えば定昇に一・七%、物価分に〇・三%を必要としたとしよう。そうすると本来は、実質賃金の回復としては両者を合わせた二・〇%

の賃上げ（定昇込み）が必要となる。毎年それだけ、またそれ以上の賃上げをすることができるか否かが問題である。生産性向上以上に物価が上昇するといったスタグフレーションが、七〇年代においては、わが国のみならず世界各国でしばしば起こったし、そうなると、毎年必ず実質賃金を確保することは困難となる。そこで賃上げ幅は、国や企業の生産性の動きや現在の賃金水準などとの関連で議論し、交渉して決めざるを得ないものとなる。

① 〔物価上昇分＋定昇分〕＝Ａ……完全実質賃金回復分

② 〔生産性向上つまり長期実質賃金引上げ率〕が右を上回る場合はその分＝ α

右は、また結果的にみれば次のようにも表現できよう。

㋑ 賃上げ妥結分＝Ａ

㋺ 定昇分＝Ｂ

㋩ 物価分＝Ｃ

㊁ Ａ－（Ｂ＋Ｃ）＝完全実質賃金引上げ分（α）

さて、幸いにしてこのプラス α 分がある場合は、その配分は一定のルールがあるわけではない。一括して中だるみの是正に回すこともよいであろうし、また全員に定率で配分することも可能であろう。また現場系に多く配分して、現場と事務間の賃金格差を是正する方向に用いることもよいであろう。もちろん一律定額配分としてもよいであろう。労使で常日頃から自社の賃金のゆがみを検討し、明らかにしておき、これを長期的な個別賃金政策の中で修正する方向で配分することとしたい。

右のようなベア方式をとるには、生産性指標について事前にはっきりと定義し、労使で納得し、算定を継続的に行い、その算定結果について労使間でたえず十分な検討、吟味、理解が行われていることを前提とする。

そのような、日常の検討が行われていないままに生産性指標を賃金決定にもち込もうとしても、それは実際問題としてなかなか無理であるし、また従業員からの理解、納得が得られるとは限るまい。できるだけ従業員ともども生産性指標の定義、算定方式、そして具体的算定結果を継続的に公開し、検討し、吟味しておく立場が望まれるところである。

このような生産性指標は、必ずしも企業レベルのみの生産性指標に限らず、産業レベル、国民経済レベルの生産性指標をも併せて検討するようにしたい。産業レベルの生産性や国民経済レベルの生産性の動きは、その年の一般的な賃上げ相場にすでに反映していると考えることもできる。しかしながら、やはりその年の賃上げ相場と併せて、できれば賃金決定のルールを主体的に考えるという意義からしても、国民経済レベルの生産性、産業レベルの生産性、企業レベルの生産性をそれぞれ検討し、これらを総合的に把握したうえで賃上げを考えることが望ましいといえよう。

なお、賃金との関連からすれば生産性指標としては付加価値生産性が主体となるが、分配率は必ずしも一定でなければならないという理由はない。したがって、生産性向上が定昇やベア、物価上昇分の最低限を満たし得ない場合においては、分配率は少なくとも一時的か持続的かは別としても引き上げられることとなる。それは企業収益をそれだけ圧迫することとなるわけで、したがって労使はできるだけ長期賃金政策の中で、賃金上昇に見合う生産性向上を労使の協力によって獲得していくといった態度が必要となろう。生産性の伸びによって賃金は決められないが、賃金上昇に見合う生産性向上は、企業や産業や国民経済の安定的発展のうえにとってはどうしても欠くべからざる条件であるからである。

また、労働分配率は労働装備率や資本回転率や付加価値率などによって大きく左右されるものである。かつては、労働装備率の引上げをベースとした生産性向上が中心となっていたが、そのような発展段階にあっては当然、分配率の引下げが理論的には必要となる側面もあった。しかし、今後はＩＴ化や労働市場の変革の中にあって労働の価格と資本の価格の相対的格差は多様に変化するのであるから、実際問題として労働分配率は情動次第で多様に上下することとなろう。

ところで、生産性と賃金の関連であるが、生産性と賃金のギャップは賃金コストの増大をもたらす。賃金コストの増大は、それが付加価値率上昇によって吸収されない限りは、分配率の引上げ（企業収益の圧迫）かまたは価格引上げに転嫁される形をとる。分配率の引上げは、それだけ企業の収益を圧迫することになるが、それを避けようとすれば、賃金コストの増大はすべて価格の引上げに回されることとなる。

価格の上昇や企業収益の圧迫が、企業や産業や国民経済の安定的発展にとって望ましくないことはいうまでもないが、そのような意味において、賃金コストの増大が分配率の引上げと価格の引上げに転嫁された場合、賃上げは吸収されなかったと一般にいう。一方、生産性と賃金の間にギャップを生じなかったり、または賃金コストが増大しても、それが付加価値率の増大によって吸収された場合、一般に賃上げは吸収されたという。

ただし、企業レベルと国民経済レベルとでは賃上げ吸収要因は若干ニュアンスを異にし、企業レベルにおいては価格の引上げをも吸収要因として考える場合が多い。それは企業収益の圧迫は企業にとって望ましくないとしても、価格引上げは一定の競争条件が維持されさえすれば、必ずしも望ましくないことではないし、むしろ企業努力として価格引上げを吸収要因として考えられるからである。一方、国民経済レベルにおいては、価格の上昇は国民生活からみても国民経済の国際的位置づけからみても望ましくない場合が多い。そのためマクロ的には価格引上げが行われた場合、それはいわゆる賃金プッシュインフレとしての性格をもつが、賃上げは吸収されなかったと考える。

このように企業レベルでの吸収要因と国民経済レベルで考える場合の吸収要因は必ずしも同じではないが、いずれにしても分配率の引上げや価格への転嫁は賃上げの吸収要因としては、必ずしも望ましくない場合が多いことは、いまさら説明するまでもあるまい。

さて、もしまったく価格の引上げを避けようとすれば、賃金は物的生産性との関連で議論されねばならないこととなる。しかし、現実問題としては卸売物価の上昇、製品価格の引上げが行われているのであり、それをまったく考慮せずに物的生産性と賃金との関連で賃金引上げを考えるとするならば、それだけ名目的分配率はたえず低下していき、労働者の取り分が絶対的に小さくなっていく。これは賃金の正しい配分とはいえまい。賃金は付加価値生産性との関連で議論されるのであり、しかもその場合においても分配率がすでに現状として適正であることを前提とするのであるから、労使は分配率について、十分検討を行うことを前提としたうえで、付加価値と生産性との関連を考えるようにしたい。

第八章　成果主義（職責給・役割給・業績給）賃金表の策定

1　基本給の組み替え

1　昇格・昇進・昇給制度の再編――実力主義の導入

能力主義は人材の育成をねらいとする能力開発主義であるから、今後も堅持することが望ましい。そのためには職能資格制度を整備し、企業の期待する職能像を職種別等級別に明確にし、それを基準として評価、育成を行っていくという能力主義を一層強化していくことが望まれる。

その意味において、これからも昇格は能力主義で臨むことが望まれる。職能資格制度は職務遂行能力の高まりによる社内資格であり、学歴・性別・勤続は何の関係もなく、しかも一度上がった資格は落ちることはない。つまり職能資格制度に降格はない。したがって職能資格制度は安定した社内の処遇基準であり、能力開発主義の基軸となり、これからも大切であることは言うまでもない。今後とも昇格は能力主義で貫き、降格はないものとしたい。

しかしながら一方、昇進は能力主義では十分ではなく、やはり実力主義に切り換えていかざるを得ない。実力とは現にいま、その現場で役に立つ能力をいう。したがって昇進は仕事の高まりであるから、能力ではなく実力で処遇していかねばならない。

昇格は能力主義でいくとしても、昇格と昇進は分離し、昇進は実力主義とする。実力主義となれば実力は低下することもあり得るから、降職あり、また若手登用ありというダイナミックな人材活用政策が求められる。さらに昇給についてはどうあるべきであろうか。

育つまでは、つまり生涯労働の前半すなわち一定の賃金水準、一定の職能レベルに達するまでは、やはり能力開発主義としての能力主義がふさわしく、したがって、昇格と昇給は連動させ、職能給といった能力主義賃金とする。なお三五歳くらいまで、つまり賃金が一定の高度に達するまでは、やはり年齢給が必要。したがって三五歳くらいまでは生活主義と能力主義のミックスで賃金体系は組み上げる。そうして三五歳を過ぎ、管理・専門職能に到達するころから、生活主義は一切排除し成果主義賃金を導入していく。つまり業績給とか役割給の導入である。育つまでは能力主義、育った後は自己責任の成果主義というとらえ方をする。そこで一定の職能以上には漸次職責給、役割給といった成果主義賃金を

8－1図　今後における人事・賃金制度の再編の方向

処遇基準	考え方	ねらい	人事評価	運用
昇格	能力主義	人材の育成	能力評価	降格なし
昇進	実力主義	人材の活用	実力評価 コンピテンシー評価	降職あり
昇給	前半：能力主義	人材の育成	能力評価	降給なし
	後半：成果主義	定年までの人材活用	役割評価 業績評価	降給あり
組織風土	加点主義	個の尊重 チャレンジ	アセスメント	目標面接 公募制度

8－2図　ライフステージ別の賃金体系

型	種別	項目	ライフステージ				
			20歳〜	30歳〜	40歳〜	50歳〜	60歳〜
日本モデル	ペイフォアインプット（労働力対価）	生活主義（年齢給）	◎	○	−	−	−
		能力主義（職能給）	○	◎	◎	○	−
アメリカモデル	ペイフォアアウトプット（労働対価）	成果主義（役割給）	−	−	○	◎	◎
						年俸制	

基本給に組み入れていく。

そうして六〇歳くらいまでは能力主義を併用させながら、成果主義と併せて日本型成果主義賃金を導入していく。さらに六〇歳を超えて六五歳に至るまでは、完全成果主義賃金であってよいと思われる。そのようにすれば人材の活用、人件費の適正管理に役に立つものと思われる。このように昇給は生涯労働を通して、段階的に設定していくことが求められる。

以上をまとめると、**8―1図**および**8―2図**で示すごとくである。

そこで管理職層に昇格ないし昇進した段階で基本給は組み替えられることになる。

2　基本給の組み替え

基本給の組み替えは年齢給を職責給に置き換える形で行われる。**8―3図**のとおりである。諸手当も、一部の手当を除いて基本給に組み入れられ、基本給は職責給（成果主義）と職能給（能力主義）をもって構成されることになる。

8－3図　基準賃金の組み替え

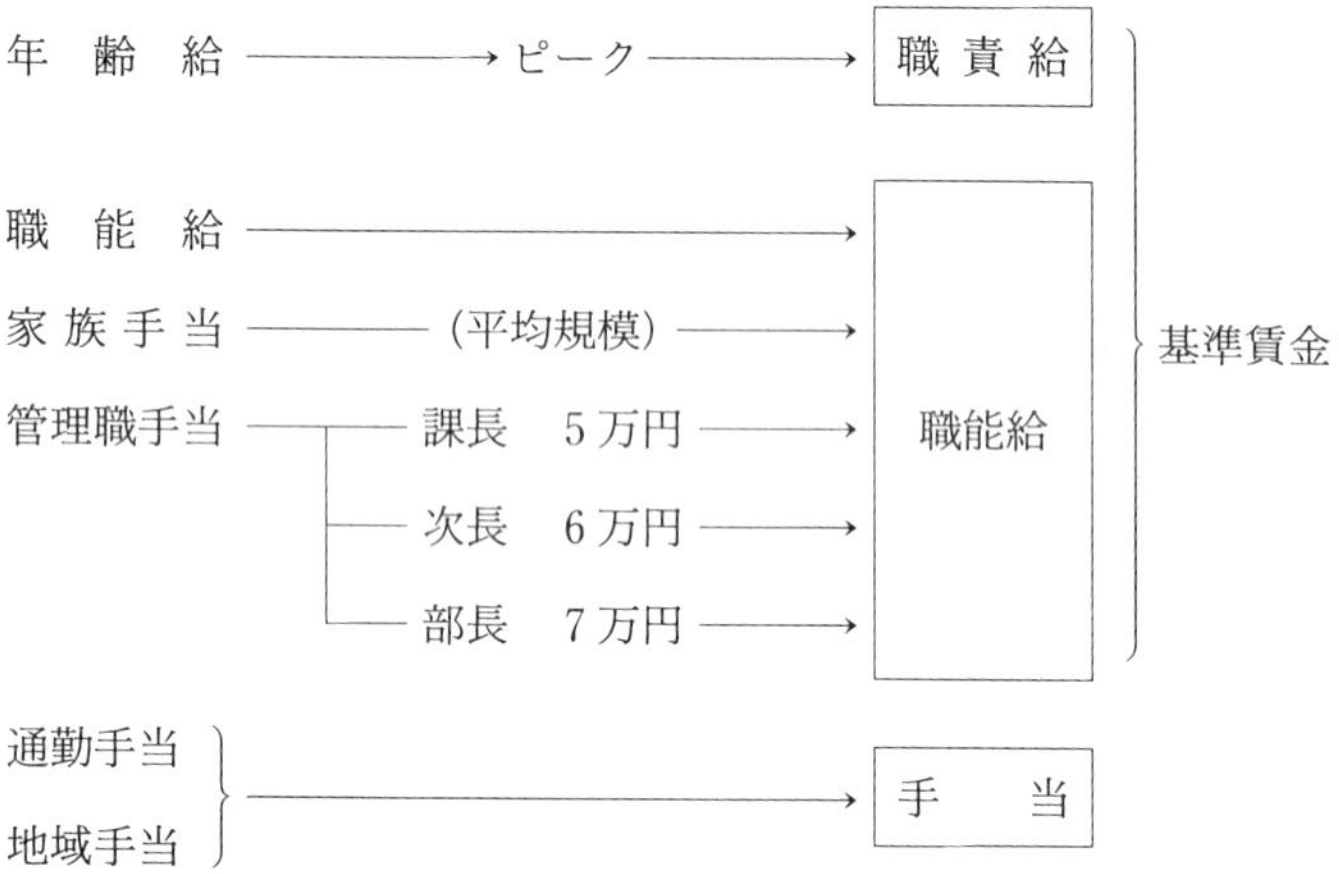

※諸手当のすべてを、その機能を活かすために、年俸の外に残しておくことも考えられるし、また職責給に組み込んでしまうことも考えられる。

(例　示)

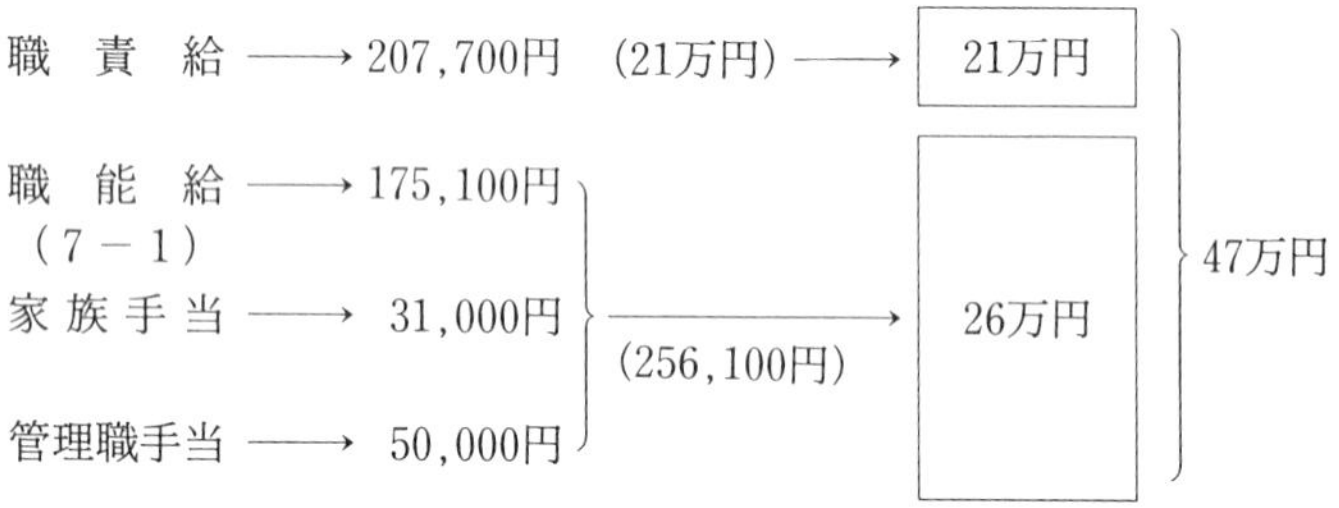

※職能給も分割（ダウンサイジング）して、その一部を職責給に組み込み、職責給のウエイトを大幅に高めることも考えられる。

2　職責給表の策定

1　成果主義賃金のフレーム

成果主義賃金のフレームを示すと8－4図のようになる。すなわち本人の意思と適性に沿って配置を行うことがスタートとなり、次に目標面接が有効に行われることが第二のポイントになる。この目標面接を通じて実力に応じて職責が明示され、組織の目標と本人の目標が統合される形で目標が設定される。

この職責と目標で本人の成果責任、すなわち役割が確定する。その役割を職責評価と目標評価の二つの側面を合わせて役割給が決まる。

役割給＝職責給×目標評価（チャレンジ度評価）

同時に、一方において役割の達成度が成績評価という形で評価され、その評価と役割の高さを掛け合わせた形で業績が決まる。この業績は賞与に結びつけられると同時に、基本給に結びつけられれば業績給となり、年間賃金に結びつけられると業績年俸制となる。

8－4図　成果主義賃金のフレーム

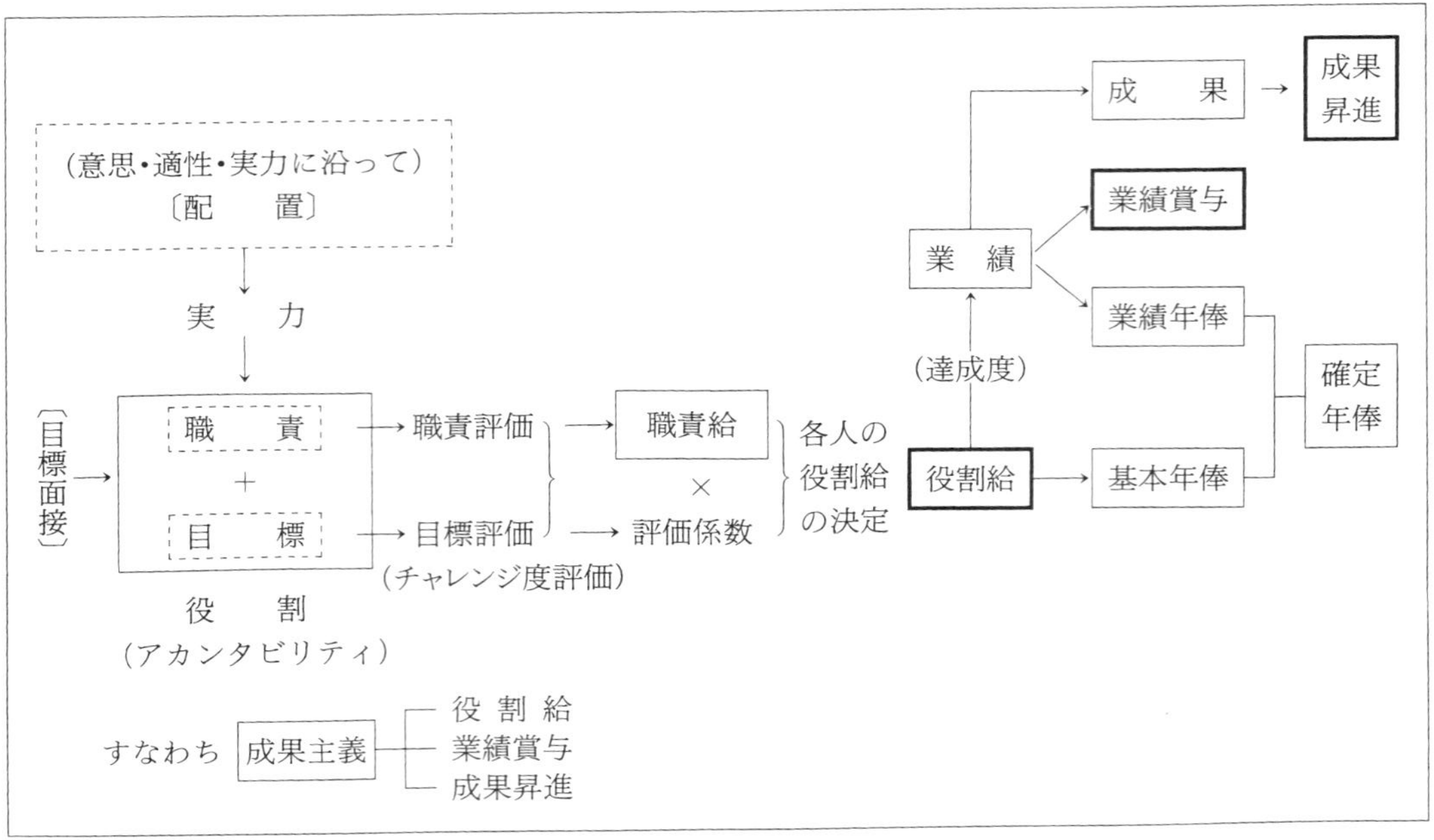

さらに個人の業績、部門の業績をロングランに累積した数値成果の他に企業の期待成果、社会的格付け成果を合わせたものが成果ということになるが、これは成果昇進に結びつけられる。

以上がいわば成果主義賃金のフレームだが、成果主義賃金を導入するための条件としては、一定の賃金水準を超えていること、業務の自由裁量度が豊かであることの二つが大切で、したがって管理・専門職能以上に限定することが望まれる。

これでわかるように成果主義賃金の基本は「職責給表」ということがいえる。

2　職責給表の策定

目標面接を通じて各人に明示された職責は**8－5図**の要素で評価される。X軸が職責の大きさであり、Y軸が難易度である。

そして、職責の大きさ（X軸）は、**8－6図**でみるように五段階分類、一方、職責の難易度（Y軸）は三段階分類の15の升目で係数が設定される。

すなわち、Ⅲ－Bが標準職責ということになる。そこでここに、**8－3図**で設定された二一万円が位置づけられ、**8－7図**のような職責給表が策定される。ただし標準職責とい

8－5図　職責評価

<table>
<tr><td rowspan="2">職責評価</td><td>量的側面
（X軸）</td><td>イ　責任と権限の広がりと高まり
・人的規模
・物的規模
・金額的規模</td></tr>
<tr><td>質的側面
（Y軸）</td><td>ロ　企業への貢献度
ハ　役割遂行の必要知識
ニ　心身の負担度</td></tr>
</table>

（注）企業への貢献度 ── 戦略度　拡大(A)　維持(B)　縮小(C)

└ 影響度　大(A)　中(B)　小(C)

（時間的　空間的）

8－6図　職責評価係数

（倍）

X＼Y	A	B	C
I	1.3	1.2	1.1
II	1.2	1.1	1.0
III	1.1	1.0	0.95
IV	1.0	0.95	0.9
V	0.95	0.9	0.85

８－７図　職責給表

その１：課長相当ベース
（M－７）

（万円）

	A	B	C
I	27	25	23
II	25	23	21
III	23	21	20
IV	21	20	19
V	20	19	18

その２：次長相当ベース
（M－８）

（万円）

	A	B	C
I	30	27	25
II	27	25	23
III	25	23	22
IV	23	22	21
V	22	21	20

その３：部長相当ベース
（M－９）

（万円）

	A	B	C
I	33	30	27
II	30	27	25
III	27	25	24
IV	25	24	23
V	24	23	21

＊ MAX　33万円
　 MIN　18万円

っても課長クラス、次長クラス、部長クラスで大きさも難易度も異なるから、課長クラスの場合はⅢ－Bが二一万円だが、次長クラスの場合は一割増しの二三万円、さらに部長クラスの場合は一割増しの二五万円となっている。

3　役割給の決め方

すでに述べたように、実力に応じて与えられる「職責」に各人のチャレンジ「目標」を加えたものが「役割」（すなわち成果責任）である。そこで各人の役割給は、8－7図の職責給表に各人の目標評価係数を乗じた形で決まる。

1　役割評価

すなわち、役割評価は、8－8図の形で行われる。そして、目標評価は8－9図で示す六つの側面で行われ、そのチャレンジ目標が有効とみなされれば、係数がフルに掛けられ、布石有効とみなされた場合は、係数の半分（ハーフ係数）が掛けられて役割給が決まる。

8－8図　役割評価のしくみ

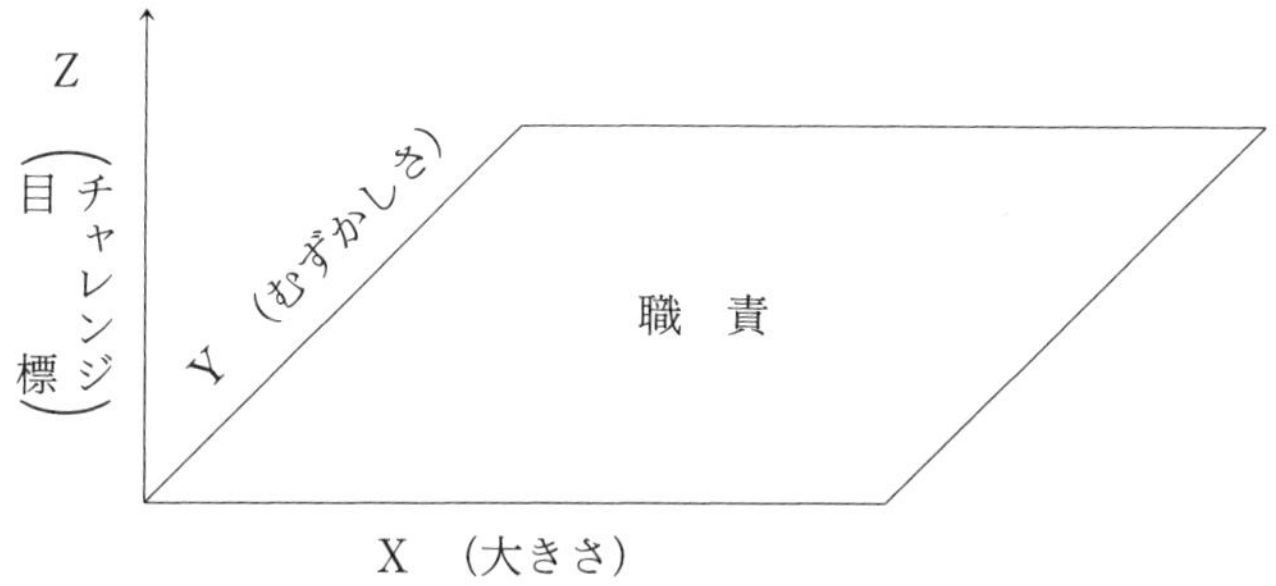

8－9図　目標評価

目標評価	チャレンジ度 （Z軸）	①　100％確実に対するチャレンジ ②　職責拡大のチャレンジ ③　革新に対するチャレンジ ④　創造に対するチャレンジ ⑤　育成に対するチャレンジ ⑥　自己充足に対するチャレンジ

8－10図　チャレンジ目標係数

①　確実、拡大、育成、自己充足	1.02
②　革新	1.05
③　創造	1.08

8－11図　有効の判定条件

具 体 性
実現可能性
効 率 性
貢 献 性

すべて満たしていれば ➡ 有　効 → フル係数

1つでも欠けていれば ➡ 布石有効 → ハーフ係数

8－12図　評価の流れ

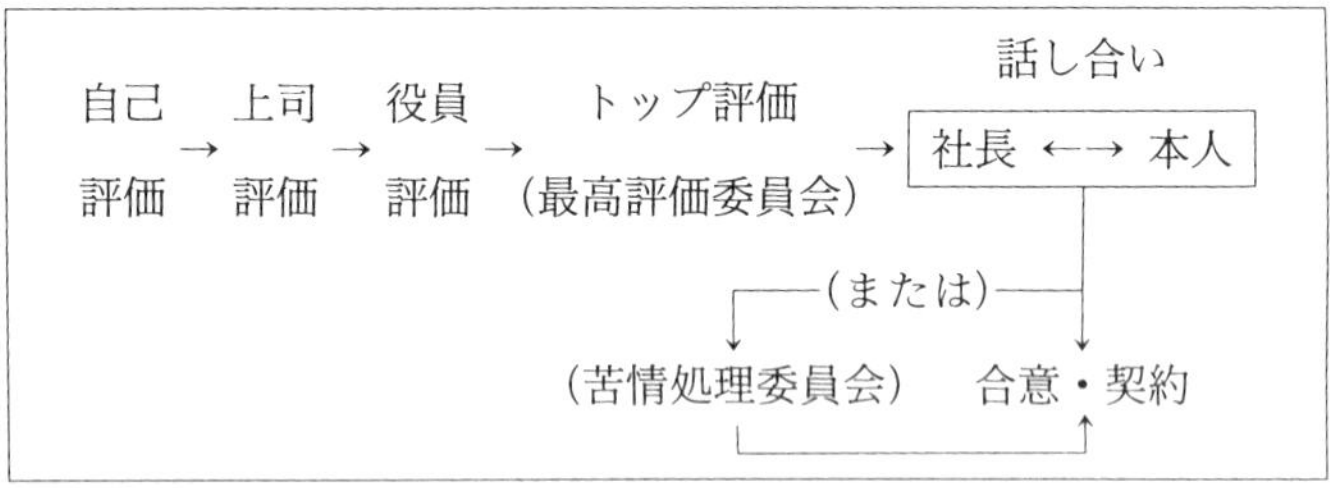

職責給×チャレンジ目標係数＝役割給

なお、この役割評価は上司評価のみではなく自己評価、トップ評価を通して行われ（8－12図）、最終的に社長と本人との間で合意、契約がなされる。もし、本人が納得できない場合は、最高評価委員会が苦情処理の機能を果たす。

2　チャレンジが鍵

以上のように各人の職位には一定の職責つまり職務上の責任権限分担が与えられるが、これは通常、組織の中で決まっているものであるから、目標面接の第一段階であるミーティングの中で上司から部下に、実力に応じて確実に職責の明示が行われ、確認が行われる。この職責の大きさおよび難易度で決まる賃金が職責給に他ならない。

職責の中身はいくつかの課業で構成される職務をもって構成されるから、職責給は職務給と表裏の関係にあるといえる。その点、職階給とか職位給は職務内容を問わず、ポストで決める賃金であるから、必ずしも職位給と職責給ないし職務給は同じではない。しかし職責給と職務給は結果的には類似したものとなる。

したがって職責給は職務評価を通じてとらえることもできるし、職責の大きさや難易度を通じてとらえていくことも可能である。

この職責をベースに本人が向こう一年間の具体的行動計画、それを目標というが、その目標を加えて初めて役割が決まる。役割はすなわち向こう一年間の本人に与えられた成果責任であるといえる。したがって職責給が低くても、本人が高い目標を設定し、拡大のチャレンジ、革新のチャレンジ、創造のチャレンジなどを多く含めて目標を設定すれば、目標の高さで役割は引き上げられ、高い役割給を受け取ることもできる。職責に本人のチャレンジを含めたものが役割と位置づけられるわけである。

［能力］→［職位］→実力→［職責］プラス「チャレンジ」→［役割］

4　業績賞与の決め方

1　業績評価

前述の各人の役割の達成度を業績という。

達式度係数（つまり業績係数）を例示すると次のようなものである。

この業績は賞与に反映され業績賞与がきまる。

（例示）業績評係数（8－16図参照）

評　価	個　人	部　門	企　業
S	1.2	1.1	1.4
A	1.1	1.05	1.2
B	1.0	1.0	1.0
C	0.9	0.95	0.8
D	0.8	0.9	0.6

2　成果主義賃金のステップ

以上を一つの流れとして示したものが、8－13図である。

8－13図　賃金体系の成熟ステップ

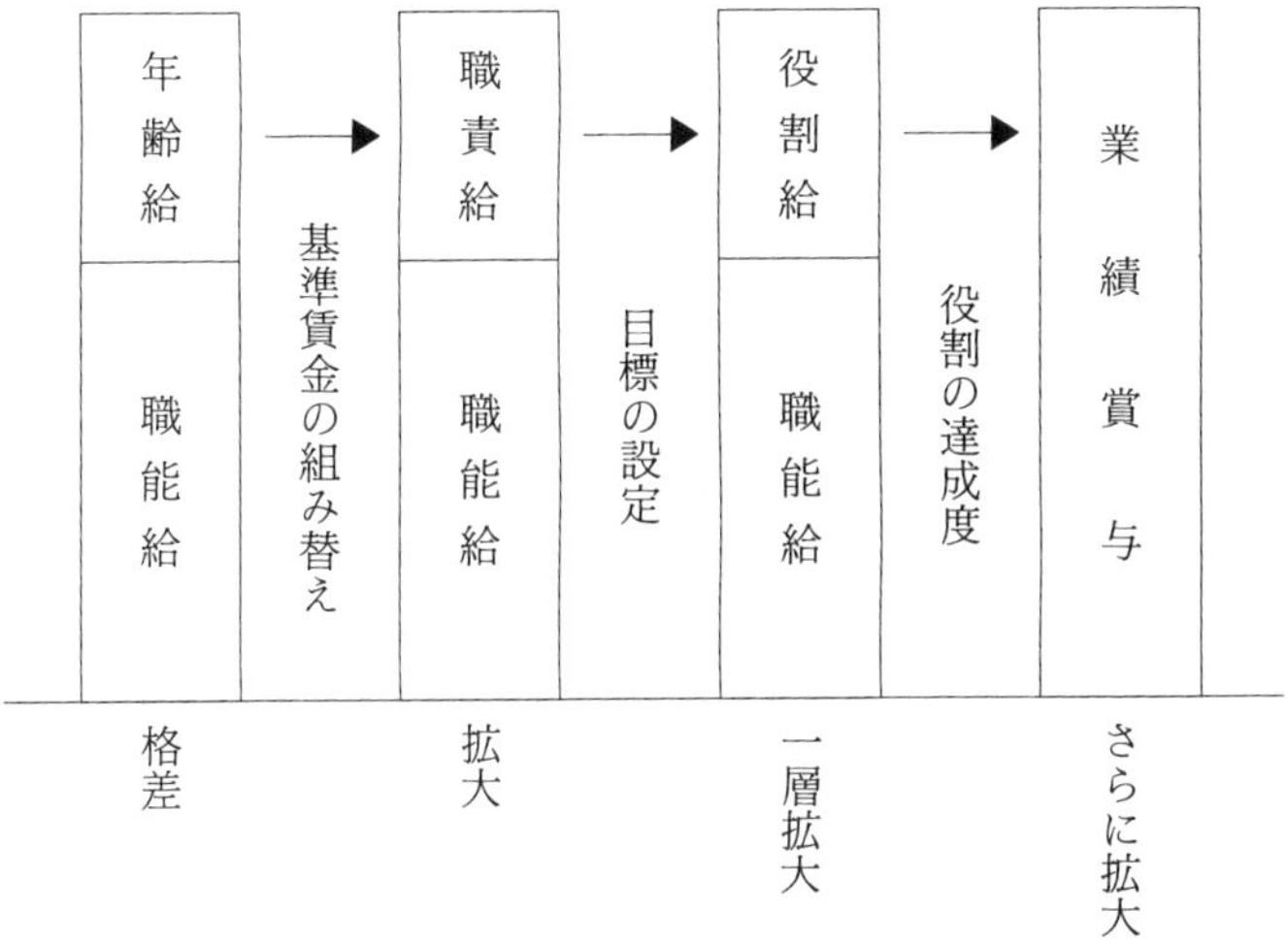

8－14図　賃金表と評価制度

	賃　金　表	評　　価
能力主義	年齢給表 職能給表	人事考課 ― 能力評価 　　　　　 情意評価 　　　　　 成績評価
実力主義	職責給表	職責評価
成果主義	（役　割　給） （業績賞与）	目標評価 業績評価

（注）［職責給表］×目標チャレンジ度＝役割給

［役割給］×業績係数×支給月数＝業績賞与

さらに、能力主義、実力主義、そして成果主義賃金の賃金表の種別と、評価制度を一覧表としてまとめると、8―14図のとおりとなる。

5 日本型年俸制の決め方

1 年俸制の意義

日本型賃金は人間基準の（人の価値で決まる）賃金で、いわゆる能力主義といわれるものだが、欧米型賃金は仕事基準の（仕事の価値やその達成度で決まる）賃金で、いわゆる成果主義といわれるものである。

いま日本の賃金は、管理職・専門職を中心に能力主義賃金（職能給）から成果主義賃金への転換が進んでいる。能力主義は人材の育成には有効だが、中高年層の人材活用には不向きだからである。高齢化、国際化、そして構造変革に対応するには、長期決済型（生涯労働の前半は働きつまり「仕事や業績」より低い賃金、そして後半は高い賃金）の能力主義ではなく、そのつど決済型の成果主義賃金への転換が不可欠となっている。

では、具体的に成果主義賃金とはどんなものであるかをあらめて整理しておく。
①各人の実力で職責を決めて評価し「職責給」を決める。
②目標面接を通じて各人がチャレンジ目標を設定し、役割が決まる。
　職責＋目標＝「役割」
③この役割の達成度次第で業績が決まる。
　役割×達成度＝「業績」

この業績をどのように賃金に結びつけるかによって、業績賞与、業績年俸のいずれかが決まってくる。

いずれを選択するかは労使の政策によるが、成果主義賃金は業務上の裁量度が豊かであることが成立の条件となるから、係長層以下は業績賞与、課長層以上は業績年俸がふさわしいといえる。

とくに課長、専門職層以上は、役割設定も遂行も少なくとも年間サイクルで行われるのであるから、業績年俸制が適切だといえる。

2　年俸制の三つの型

8 —15図　年俸制の３つのパターン

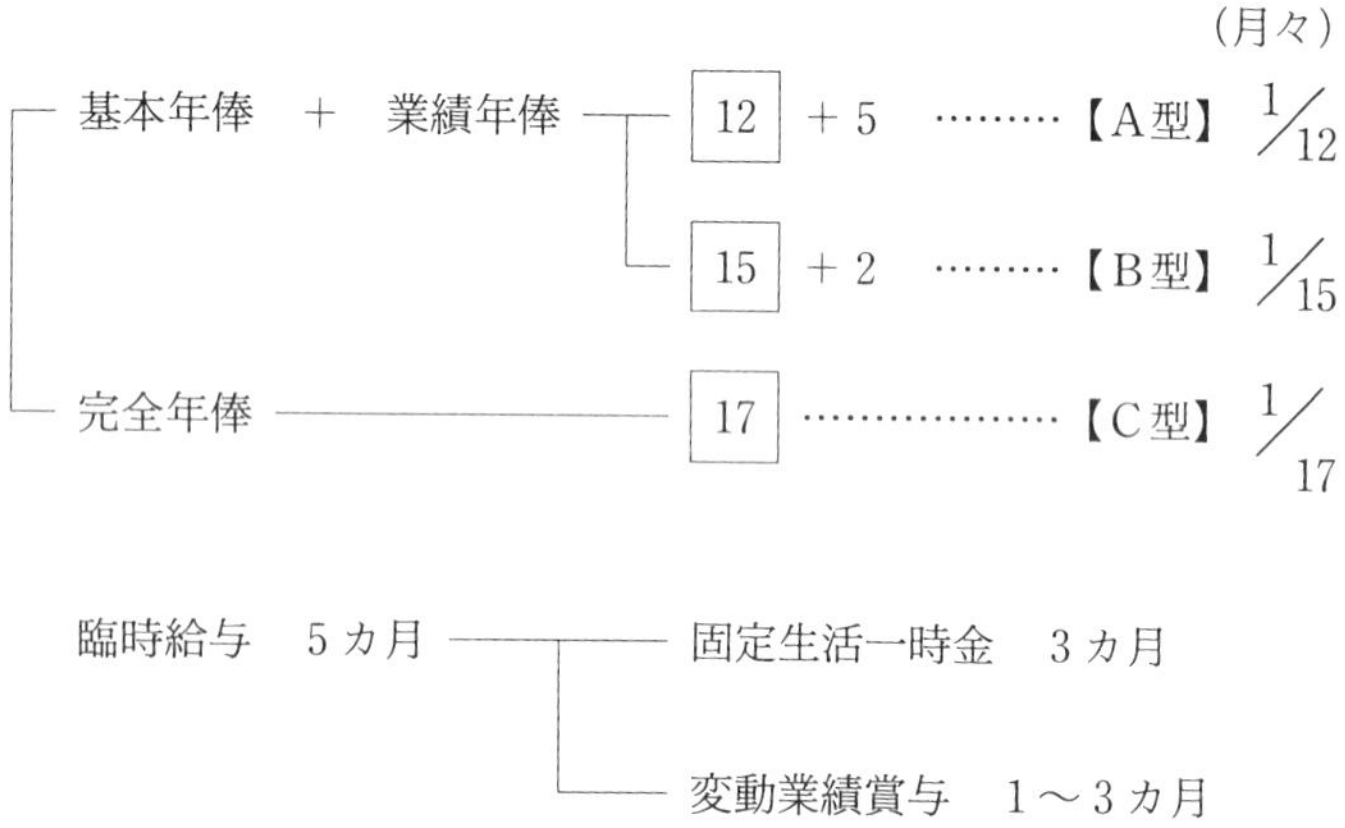

ところで年俸制をとるとして、8－15図でみるように、年俸制には分割型と一体型（完全年俸）の二つがある。分割型というのは基本年俸は役割の価値で年度の初めに合意契約し、年度の終わりに業績を結びつけて業績年俸を決めるあり方で、その際、生活一時金三カ月分を含めて基本年俸とするB型と、一二カ月分のみを基本年俸とするA型の二つがある。

臨時給与を含めて、年間賃金すべてで年度の初めに合意契約をするのがC型である。いずれをとっても、月々の支払い額は同じだし、臨時給与が年間五カ月前後支払われることも同じ。ただ当年度の業績が、A型、B型の場合は業績年俸に反映されるのに対し、C型の場合は、翌年の年俸更改時に反映される形となる。今後、管理・専門職層の成果主義賃金は年俸制をとる方向が展望される。

3　日本型年俸制の実際

そこでいま、B型（基本年俸が一五カ月分、業績年俸が二カ月分）を取り上げ、年俸制の算定方式の実際を考えておくこととしよう。

〈例　題〉

M－7級3号　課長	配偶者、子三人
（職責評価） II－A	**（チャレンジ）** 革新　有効
（業績評価） 個人業績S、部門別業績C、企業業績A	

右記の場合の年俸額（B型）を計算せよ。

まず基準賃金から計算しよう。

8－3図を振り返ってみていただきたい。

「職能給」M7－3号……一八五、一〇〇円（6－1表参照）
「家族手当」……配偶者、子二人の標準世帯にみなして……三一、〇〇〇円
「管理職手当」……五〇、〇〇〇円

右の三者を加算して組み替え後の職能給は、二六六、一〇〇円となる。

《職能給……二六六、一〇〇円》

ついで役割給だが、II－Aという評価であるから二五万円（8－7図参照）、チャレンジが革新有効であるから、これに一・〇五を乗じて（8－10図参照）二六二、五〇〇円となる。

《役割給……二六二、五〇〇円》

職能給と役割給を加算して基準賃金は、五二八、六〇〇円となる。

●基準賃金……五二八、六〇〇円⇩五三〇、〇〇〇円

そこでこの一五カ月分で、基本年俸は

a．基本年俸　530,000円×15カ月＝7,950,000円

次に業績年俸は、右の基準賃金の二カ月分に、8－16図で例示した業績評価係数が乗じられて一、四五〇、〇八〇円となる。

８－16図　業績評価係数（例示）

評　価	個　人	部　門	企　業
S	1.2	1.1	1.4
A	1.1	1.05	1.2
B	1.0	1.0	1.0
C	0.9	0.95	0.8
D	0.8	0.9	0.6

b．業績年俸

530,000円×２カ月×1.2×0.95×1.2

＝1,450,080円⇨1,450,000円

そこで基本年俸と業績年俸を足して確定年俸は、九四〇万円となる。

a＋b＝795万円＋145万円＝940万円

●『確定年俸』　九四〇万円

４　日本型年俸制とは

以上のような年俸制は、次の四点で日本型としての特質をもっている。

i　能力主義（職能給）との調和

ii　（X軸＋Y軸）＋Z軸

　　仕事基準（X軸＋Y軸）　人間基準（加点主義）（Z軸）

iii　人が仕事を創る（目標面接）

iv　基準賃金（基本年俸）は役割給、業績は賞与（業績年俸）へ
（業績は、単独、独立的ではない）

5　成果主義と評価制度

以上のように、管理職・専門職層の実力主義、成果主義の新展開が進むなかで、従来の人事考課（能力評価、情意評価、成績評価）の一層の整備・定着を図るとともに、新たに実力評価（コンピテンシー評価）を通じて実力主義の導入・整備を、さらに役割評価、業績評価を通じて成果主義賃金の導入・整備を進めようとしている。また、社員の自主性を重んずる加点主義的組織風土を高めるためにアセスメントと目標面接を強化する方向で努力が進められている。

コンピテンシー（高成果実現能力）＝実力評価　高い業績を維持、拡大するための知識・技術や行動態様（行動のあり方、話し方、聴き方、動き方、人とのつき合いの仕方、判断の仕方、企画の仕方など）を職種別にディクショナリー（要素一覧表）として組み上げてモデル化し、その要素ごとに評価する。

役割評価　**８―５図**でみたような要素で職責を評価し、これに目標評価（**８―８図**と**８―９図**参照）を加味して各人の役割（成果責任の高さと広さと難しさ）を評価する。

アセスメント　多面的（部下からも同僚からも評価）、総合的（本人の意思も適性もキャリアも将来性も評価）、動態的（過ぎ去った一年間ではなく、三〜五年間を観察評価）な人材評価。

これらの諸評価制度の整備を労使協力して進めることが、これからの課題となる。

６　条件整備が課題

六五歳までの人材活用を確保していくためには、以上のように中高年層に成果主義賃金を能力主義との調和を図りながら導入していくことが絶対不可欠だが、そのためには次のような諸条件を整備していくことが大切な課題となる。

イ　定年までの雇用保障
ロ　中高年層の能力再開発支援体制の整備・強化
ハ　最低保障の確認
ニ　早期立ち上げカーブへの修正

ホ　退職金制度の再編

ヘ　役割評価・業績評価の整備

ト　労働組合の公正担保機能の強化

▶表索引

▶図索引

楠《くす》田《だ》　丘《きゅう》

大正12年	熊本県生まれ
昭和23年	九州大学理学部数学科卒，労働省（現厚生労働省）入省
昭和39年	労働省統計業務指導官
昭和40年	経済企画庁経済研究所主任研究官
昭和43年	アジア経済研究所主任調査研究員
昭和45年	社会経済生産性本部主任研究員，同 59 年，理事
同　年	日本賃金研究センター研究主任，同 56 年，代表幹事
主要著書	「賃金テキスト」（経営書院）
	「職能資格制度」（経営書院）
	「賃金体系設計マニュアル」（経営書院）
	「ベア・定昇の実際」（経営書院）
	「職務調査の理論と方法」（経営書院）
	「加点主義人事」（経営書院）
	「成果主義賃金」（経営書院）
	「日本型人事の革新とその設計（共著）」（経営書院）
	「人材社会学」（経営書院）
	「生産性と賃金」（社会経済生産性本部）他，多数。

改訂新版
賃金表の作り方

1971年３月１日　第１版第１刷発行
2006年７月13日　第10版第１刷発行
2024年10月11日　第10版第６刷発行

定価はカバーに
表示してあります

著　者　楠田　丘
発行者　平　盛之

発 行 所
㈱産労総合研究所
出版部 経営書院

〒100-0014
東京都千代田区永田町1-11-1　三宅坂ビル
電話 03（5860）9799　https://www.e-sanro.net/

印刷・製本　藤原印刷株式会社

ISBN 978-4-87913-962-7 C2034